Erik van Slooten

Leitfaden der traditionellen Astrologie

Standardwerke der Astrologie

Erik van Slooten

Leitfaden der traditionellen Astrologie

Klassische Astrologie kurz und bündig

CHIRON VERLAG

ISBN 978-3-89997-252-8

Umschlag: Judith Hamann, Tübingen
Foto ©: istockphoto/Stanislav1
Fotos Innenteil: wga.hu und Erik van Slooten.
Die Horoskope wurden mit Astroplus erstellt
Druck: SDL, Berlin

Zu beziehen über:
Chiron Verlag, Postfach 1250, D-72002 Tübingen
www.chironverlag.com

Inhalt

Zum Geleit

Zwischen 2006 und 2017 schrieb ich in der Zeitschrift *Astrologie Heute* in meiner Rubrik *Klassische Perspektiven* 26 Folgen, in denen ich in kurzer Form jeweils ein Thema aus der klassischen Astrologie behandelte, fast immer illustriert mit einem oder mehreren Horoskopen. Die Artikel befassten sich mit Themen aus der klassischen Radixastrologie, der Stundenastrologie, mit Themen der klassischen Prognose, mit Elektionen und mit Fixsternen.

In diesem Buch habe ich dieses Material jetzt in ein zusammenhängendes Ganzes gebracht, so dass Kollegen, die sich schnell ein Panorama über das ganze klassische Feld wünschen, mit der Lektüre dieses Büchleins diesen Überblick auch bekommen.

In den Geburtshoroskopen benutze ich das Ganzzeichen- oder Tierkreis-Häusersystem, das älteste Häusersystem der westlichen Astrologie. In Stunden-, Elektions- und Ereignishoroskopen benutze ich (mit einer Ausnahme) Placidus-Häuser. Eine Literaturliste, die nach weiteren Quellen verweist, schließt das Buch ab.

Erik van Slooten
Neubiberg (bei München), Juni 2017

1. Schicksal und freier Wille

Die hellenistische Kultur, in der die westliche Astrologie entstanden ist, wurde stark von der philosophischen Schule der *Stoa* beeinflusst. Die Stoa sieht den Menschen noch stärker als Aristoteles der Naturkausalität und dem Schicksal unterworfen. Die menschliche Freiheit besteht lediglich darin, dem Verlauf der Dinge zuzustimmen: »*Freiheit ist die freiwillige Fügung in die göttliche Ordnung.*«

Von Seneca stammt das berühmte Wort: »*Den Wollenden führt das Schicksal, den Nichtwollenden zieht es. (Ducunt volentem fata, nolentem trahunt*).«

Bekannt wurde auch das Bild des Stoikers Chrysipp (ca. 280-ca. 205 v. Chr.): »*Wie ein Hund, der an einen Wagen gebunden ist, das in seiner Macht stehende mit dem Unausweichlichen versöhnt, wenn er freiwillig mitläuft, so wird er umgekehrt ganz und gar gezwungen sein, wenn er sich weigert.*«

Dieses Freiheits-Konzept setzt aber Leidenschaftslosigkeit und Unerschütterlichkeit gegenüber den Schlägen des Schicksals voraus, doch dies ist den wenigsten Sterblichen gegeben!

In der griechischen Mythologie finden wir das Schicksal personifiziert in den Moiren oder Schicksalsgöttinnen Klotho, Lachesis und Atropos.

Mit Klotho das Leben erst beginnt
Lachesis es weiter spinnt
Schneidet Atropos den Faden ab
dann bringt sie dich, o Mensch, ins Grab.

Die Hellenistische Kultur war vom Schicksalsgedanken durchdrungen. So wie die Inuit viele verschiedene Begriffe für *Schnee* kennen, kannten die Griechen zahlreiche Begriffe für *Schicksal*, die alle jeweils einen anderen Aspekt des Schicksals beleuchten: *moira, heimarmene, tuchè, daimoon, chreoon* usw. *Moira* ist das meist gebrauch-

Abbildung 1: Paul Thumann – Die drei Moiren

te allgemeine Wort für Schicksal und bedeutet 'Anteil'. Moira organisiert das Leben der Menschheit und des individuellen Menschen und gibt ihm seinen 'Anteil'. Moira ist mächtiger als die Götter! *Moira* heißt im Lateinischen *fatum,* das von *fas* = göttliches Gesetz stammt.

Dagegen hängt der moderne Mensch einer humanistischen Philosophie an und glaubt (nicht ohne Arroganz), das Schicksal in die eigene Hand nehmen zu können. Diese Lebenshaltung führt automatisch dazu, dass viele moderne Astrologen jede Form von konkreter Prognose ablehnen. Sie stehen auf dem Standpunkt, dass konkrete Prognosen mit astrologischen Mitteln nicht möglich seien und dass sie, falls sie trotzdem möglich wären, keinen Sinn hätten, ja meistens unethisch wären, da sie zu einem lähmenden Fatalismus führen würden usw.

Astrologen, die sich intensiv mit Stundenastrologie befassen, erfahren aber immer wieder, dass konkrete Prognosen nicht nur technisch möglich, sondern sehr oft auch menschlich gesehen sinnvoll sind. Und wie steht es um solche Prognosen in der Radixastrologie?

Prognose in der klassischen Radixastrologie

Zu diesem Thema gibt es heutzutage eine Menge Missverständnisse und Vorurteile. Die weitverbreitete Auffassung, dass die klassischen Astrologen aus dem Geburtshoroskop unbekümmert am laufenden Band konkret prognostiziert hätten, stimmt so nicht. Namhafte klassische Astrologen äußerten sich im Gegenteil sehr bescheiden zu ihrem Können in diesem Bereich. Sie waren ohnehin der festen Meinung, dass nur das prognostiziert werden kann, was schon im Geburtshoroskop vorhanden ist. Damit ist Prognose im Grunde nichts anderes als *Timing*!

Die alten Astrologen glaubten, dass der Mensch zwar in seiner physischen Konstitution, seinen Instinkten und Leidenschaften astrologisch determiniert ist, aber dass der höhere Intellekt davon frei sei. Leider sind aber die meisten Menschen ihrem Körper und ihren Leidenschaften verfallen und deshalb unfrei. Der vernünftige Mensch kann die Astrologie oder andere Prognosemethoden als nützliches Instrument bei wichtigen Entscheidungen einsetzen und sogar drohenden Schicksalsschlägen vorbeugen! Der bedeutende jüdische Astrologe Abraham Ibn Ezra (12. Jh.) schreibt dazu:

»*Wenn ein Geborener die Kunst der Astrologie kennt und in seiner Nativität* (Radix) *sieht, dass er zu einem bestimmten Datum an einem starken Fieber erkranken wird, aber vor dieser Zeit die warmen Dinge meidet und sich von Speisen ernährt, die seinen Körper erfrischen, so wird zu gegebener Zeit die Wärme ihn nicht erkranken lassen, sondern ihn vielmehr temperieren.«*

Viele anderen klassischen Texte, von dem etwa 2000 Jahre alten CENTILOQUIUM bis hin zu den Werken von Jean-Baptiste Morin de Villefranche im 17. Jahrhundert, äußern sich alle im gleichen Sinne wie Abraham Ibn Ezra.

Fazit: Die Auffassung der vieler moderner Astrologen, dass die klassische Astrologie durchweg fatalistisch sei, beruht wohl auf Unkenntnis.

Der Begriff »Klassische Astrologie«

Zum Schluss dieses Kapitels noch einige Worte zum Begriff *Klassische Astrologie*: Nachdem die moderne psychologische Astrologie jahrzehntelang dominierte, erlebt die klassische Astrologie inzwischen weltweit eine Renaissance. Seminare und Vorträge zu diesem Thema sind gut besucht, regelmäßig werden Kongresse zur klassischen Astrologie organisiert. Die Praxen der klassischen Astrologen blühen. Ihre Zahl ist noch nicht groß, aber immer mehr Kollegen entdecken, wie nützlich und bereichernd es ist, klassische Techniken sowie die Stunden- und Elektionsastrologie zu beherrschen und in Klientenberatungen konkret einzusetzen. Aber auch die klassische Radixdeutung stößt wieder auf reges Interesse.

Der Begriff *Klassische Astrologie* bezieht sich übrigens nicht ausschließlich auf die Astrologie der Griechen und Römer. Nein, die klassische Astrologie hat sich etwa ab dem dritten Jahrhundert vor Christus ununterbrochen bis ins 17. Jahrhundert entwickelt – während einer Periode von zwei Millennien! In dieser Periode haben insbesondere auch die arabischen und jüdischen Astrologen zu dieser Entwicklung beigetragen. Zur Vermeidung von Missverständnissen spreche ich auch gerne von traditioneller anstatt von klassischer Astrologie.

Die heutigen klassischen Astrologen wenden in ihren Praxen

verschiedene Methoden an, die mit den unterschiedlichen Perioden der langen Geschichte der klassischen Astrologie verknüpft sind. Es gibt derzeit hellenistisch orientierte, mittelalterlich orientierte und Renaissance-orientierte klassische Astrologen. Ich selber arbeite gerne mit Methoden und Techniken aus all diesen Epochen, habe aber in den letzten Jahren eine große Liebe zur hellenistischen Astrologie und zur Anwendung der Fixsterne im Horoskop entwickelt.

Radixastrologie

2. Zwei Tierkreise: tropisch und siderisch

Die westliche Astrologie arbeitet hauptsächlich mit dem *tropischen* Tierkreis, welcher mit dem *Frühlingspunkt* anfängt. Diesem Tierkreis liegt der Lauf der Sonne entlang der Ekliptik zugrunde, ein Wissen, das bereits den Babyloniern bekannt war. Das heißt: Der Frühlingspunkt (der Augenblick, an dem Tag und Nacht gleich lang sind) und 0° Widder fallen im tropischen Tierkreis zusammen. Damit ist er astronomisch eindeutig definiert. Er diente damals in erster Linie dazu, den Kalender und damit die Erntezeiten zu bestimmen. Zur Orientierung wurden bestimmte Fixsterne herangezogen, bevor es zu einer Teilung der Sonnenbahn in zwölf gleiche Segmente kam. Um diese zwölf Segmente zu benennen, nahm man die an der Stelle am Himmel dahinterstehenden Sternbilder, ohne diesen eine Bedeutung zuzumessen. Wir müssen also scharf zwischen *Tierkreiszeichen* und *Sternbildern* unterscheiden. Vor etwa 2000 Jahren stand das *Sternbild* Widder noch ungefähr bei dem *Tierkreiszeichen* Widder und wurde so ein Namensgeber – aber mehr nicht.

Da sich der Fixsternhimmel aber sehr langsam (etwa 1° alle 72 Jahren) *rückläufig* durch die Ekliptik bewegt, entfernt er sich mehr und mehr von dem Frühlingspunkt *(Präzession)*. Deswegen sind die astronomischen Sternbilder heute nicht mehr mit dem tropischen Tierkreiszeichen identisch. Der tropische Tierkreis bildet jedoch noch immer wie eh und je den Jahreslauf der Sonne mit seinen Wendepunkten ab.

Der Kreis der Sternbilder wird *siderischer* Tierkreis genannt und wird u.a. als Grundlage in der indischen Astrologie verwendet. Der siderische Tierkreis hat keinen astronomisch eindeutig festgelegten Anfangspunkt. Der Unterschied zwischen tropisch und siderisch beträgt derzeit etwa 23°. Das heißt: 0° Widder im tropischen Kreis entspricht etwa 7° Fische im siderischen Kreis. Diesen Unterschied nennt man *Ayanamsa.* Allerdings wird in der vedischen Astrologie mit verschiedenen Ayanamsas gearbeitet. Ein relativ gebräuchlicher Ayanamsa-Wert – dieser gibt die Abweichung der beiden Tierkreise voneinander an) – beträgt nach N. C. Lahiri 23°51“11‘ für den 1. Januar 2000. Gute astrologische PC-Programme können problemlos tropische in siderische Horoskope umwandeln und umgekehrt.

Wie der tropische wird auch der siderische Tierkreis der indischen Astrologie in zwölf gleich große Abschnitte zu je 30° unterteilt, obwohl die entsprechenden Sternbilder unterschiedlich lang sein können, nämlich zwischen 20° und 44°. Der siderische Tierkreis bildet somit nicht den tatsächlichen Nachthimmel eins zu eins ab, wie oft vermutet. Die Reihenfolge der Tierkreiszeichen ist in beiden Systemen jedoch identisch: Widder, Stier, Zwillinge, Krebs usw.

Während in der westlichen Astrologie der siderische Tierkreis lange Zeit ignoriert oder abgelehnt wurde, bekommt er allmählich wieder mehr Aufmerksamkeit. Das wird im deutschsprachigen Raum vor allem dem klassischen Astrologen Rafael Gil Brand vertreten, Spezialist für sowohl die westlich-tropische als auch für die indisch-siderische Astrologie. Seiner Überzeugung nach haben beide Tierkreise ihre Relevanz und vertreten symbolisch unterschiedliche Ebenen der Wirklichkeit.

Meines Erachtens sollte jeder seriöser Astrologe beide Methoden, die tropische und die siderische, ernsthaft miteinander vergleichen und überdenken und möglichst viele Horoskope nach beiden Methoden eingehend analysieren, bevor er sich für eine der beiden entscheidet. Am besten fängt man mit dem eigenen Horoskop an. Legen Sie Ihre beiden Horoskope nebeneinander und vergleichen Sie: In welchem Horoskop fühlen Sie sich am meisten zu Hause und warum?

So habe ich mich nach langem Studium und vielen Überlegungen schließlich für den tropischen Kreis entschieden. Problema-

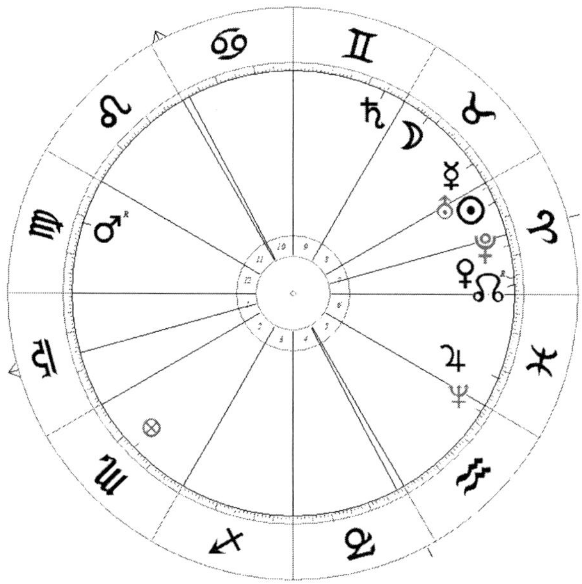

Abbildung 2: Sigmund Freud, siderisch – Lahiri Ayanamsa – Ganzzeichen-Häuser. 6.5.1856, 18.30 LMT, Freiberg, Tschechien

tisch im siderischen System finde ich neben den bereits angesprochenen Unklarheiten vor allem, dass es mehrere Ayanamsas gibt (ich habe bis jetzt 19 Stück gezählt!), die oft mehrere Grade auseinanderliegen. Für das siderische Freud-Horoskop habe ich die hier oben erwähnte Lahiri-Ayanamsa benutzt. Aber gerne möchte betonen, dass beide Methoden ihre Berechtigung haben!

Die indisch-siderische (oder vedische) und teilweise auch die hellenistische Astrologie arbeiten übrigens mit den Ganzzeichenhäusern (oder Tierkreishäusern). Beispiel: Wenn der Aszendent in Schütze fällt, wird das ganze Zeichen Schütze, vom Anfang bis zum Ende, zum ersten Haus, das ganze Zeichen Steinbock das zweite Haus usw. (mehr dazu siehe unten Kapitel 3). So gehört ein Planet, der in diesem Fall in Schütze über dem Aszendenten (oder über dem Horizont) steht, zum ersten Haus und nicht, wie bei-

Abbildung 3: Sigmund Freud, tropisch, Ganzzeichen-Häuser

spielsweise im Placidus-System, zum zwölften Haus! Siderisch hat Freud seinen Aszendenten in der Waage, tropisch in Skorpion. Der tropische Skorpion-Aszendent musste in Freuds Horoskop immer für seine Sexualtheorien herhalten. Aber lesen wir mal, was Gil Brand zu Freuds siderischem Horoskop schreibt:

»Kurioserweise kommt Philip Schiffmann aufgrund von Freuds Charakter zu dem Ergebnis: Freud war ein Waage-Typ (in www.sternwelten.at). Nun, siderisch war Freud tatsächlich Aszendent Waage. Und sein Werk wird sehr gut durch das Berufshaus 10 angezeigt: Es ist das Zeichen Krebs (Psychologie), und der Herrscher Mond ist in Erhöhung (gute Wahrnehmung, Erfolg) und zusammen mit Merkur (Herrscher von 9 – Weltbild, Wissenschaft) im achten Haus (Tiefenpsychologie, Transformationsprozesse). Auch hier finden wir drei Planeten in Würden oder Erhöhung – Mond, Sonne (Herrscher von 11 = Projekte, Vereinigungen) und Jupiter, während im tropischen Zodiak alle Planeten peregrin wären.[1] In seinem letzten Buch HIMMLISCHE MATRIX[2] deutet Gil Brand das siderische Horoskop von Sigmund Freud noch viel ausführlicher.

3. Das hellenistische Ganzzeichen-Häusersystem

Die hellenistische Periode in der westlichen Astrologie fing etwa im dritten Jahrhundert vor Christus an und dauerte bis ins sechste Jahrhundert nach Christus. Die Basisregeln sind wahrscheinlich in den ersten 50 bis 100 Jahren entstanden und bildeten sofort einen Höhepunkt in der Geschichte der Astrologie.

Die Griechen entwickelten die individuelle Horoskopie und benutzten für ihre Horoskope anfänglich die *Ganzzeichen-Häuser* (GZH)[3]: Das ganze Zeichen, in welches der Aszendent fällt, wird zum ersten Haus, das komplette nächste Zeichen ergibt das zweite Haus usw. Der Aszendent wird so zu einem sensiblen Punkt innerhalb des ersten Hauses. Allerdings macht es für die Griechen schon einen Unterschied, ob ein Planet im ersten Haus über oder unter dem Horizont (AC/DC-Achse) steht. So hatte beispielsweise die Sonne im ersten Haus über dem Horizont eine günstigere Bedeutung als unter dem Horizont. Modernen Astrologen mag dies merkwürdig erscheinen, denn über dem Horizont steht nach ihrem Begriff die Sonne meistens im zwölften Haus. Aber die Sonne ist ein Tagplanet und ist deshalb laut klassischer Auffassung über dem Horizont in ihrer 'Sektion' bessergestellt! (siehe Kapitel 4).

Ab etwa dem 2. Jahrhundert vor Christus begann man, das Medium Coeli (MC) zu berechnen, welches anfänglich als ein empfindlicher Punkt innerhalb des zehnten oder neunten oder elften Hauses betrachtet wurde. Später wurden die Häuser allmählich von den Zeichen gelöst, indem man an der Spitze des Aszendenten das erste und mit dem MC das zehnte Haus beginnen ließ. Eine der ältesten dieser Häuserteilungen ist das nach Porphyrius benannte System, welches die Ekliptik-Abschnitte zwischen den

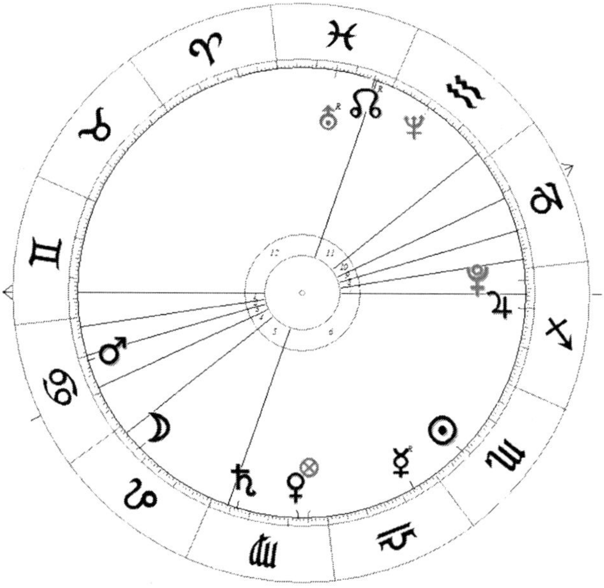

Abbildung 4:
Knabe, 1.11.2007, Placidus-Häuser, 18.06 GMT,
Reykjavík, Island

Achsen schlicht in drei gleiche Segmente unterteilte. Etwas später kam man auf den Gedanken, die Drittelung der Quadranten auf dem Äquator statt auf der Ekliptik vorzunehmen, was zu den Alcabitius-Häusern führte.

Die *Ganzzeichen-Häuser* werden auch *topische* Häuser genannt (von griechisch: 'topos' = Ort, wie bei Topografie, aber auch: Thema). Topische Häuser informieren über die spezifischen Themen im Leben des Geborenen.

Die Häuser der neueren Systeme werden die *dynamischen* Häuser genannt (von griechisch *dynamis* = Kraft). Dynamische Häuser informieren über *die Kraft* der Planeten: So stehen Planeten in Eckhäusern stärker als in Mittel- und fallenden Häusern.

Abbildung 5:
Knabe, 1.11.2007, Ganzzeichenhäuser, 18.06 GMT, ,
Reykjavík, Island

Weil topische und dynamische Häuser sich ergänzen, ist es höchst interessant, Horoskope nach beiden Systemen zu deuten. Insbesondere wenn der Aszendent eher in die letzten Grade eines Zeichens fällt, kann es zu großen Unterschieden kommen. So steht der Mond in meinem eigenen Radixhoroskop nach der Manier des Placidus im zweiten und die Sonne im achten Haus. Nach dem Ganzzeichenhäuser-System rückt der Mond ins dritte und die Sonne ins neunte Haus. Das eröffnete mir neue Perspektiven auf mein Leben, aus denen ich derzeit viel lerne.

Ein großer Vorteil der Ganzzeichenhäuser ist nicht nur, dass es bestechend einfach ist, sondern auch, dass es überall in der Welt anwendbar ist, z.B. auch in sehr nördlichen geografischen Breiten, wo die dynamischen Häusersysteme versagen.

Vor einigen Jahren musste ich das Horoskop eines in Reykjavík auf Island geborenen Kindes berechnen. Nach der Manier des Placidus (siehe Abb. 4) bekommt der »arme« Bub aufgrund der hohen nördlichen Breite ein sechstes und ein zwölftes Haus, die jeweils vier Zeichen umfassen, während sich Haus eins, zwei und drei (wie auch sieben, acht und neun) zusammen weniger als 30 Grad teilen müssen. Saturn steht an der Spitze des sechsten Hauses, was bedeutet, dass dieser Junge bis zu seinem zehnten Lebensjahr einen Transit-Saturn durch das sechste Haus zu bewältigen hätte. Wenn man jedoch stattdessen das GZH-System heranzieht (siehe Abb. 5), sieht man sofort, dass in diesem Leben das Thema »Krankheit« (sechstes topisches Haus = Skorpion) nicht sofort und gar nicht so massiv vom Saturn-Transit betroffen ist und man den Eltern die Befürchtung nehmen kann, dass das Kind über viele Jahre hinweg krank sein könnte.

4. Tag und Nacht

In der klassischen Astrologie wird ein *Taghoroskop* anders gedeutet als ein *Nachthoroskop*. Der Unterschied zwischen beiden ist einfach festzustellen: In einem Taghoroskop steht die Sonne über dem Horizont, das heißt über der AC/DC-Achse. In einem Nachthoroskop dagegen steht die Sonne unter der AC/DC-Achse.

Gemäß der klassischen Astrologie gibt es drei die Tagplaneten *Sonne, Jupiter und Saturn,* und die drei Nachtplaneten *Mond, Venus und Mars.* Dagegen ist *Merkur* variabel: Wenn er morgens vor der Sonne aufgeht, ist er Tagplanet, wenn er abends nach der Sonne untergeht, ist er Nachtplanet. Merkurs Position zur Sonne kann man leicht feststellen, indem man im Horoskop die AC/DC-Achse so verschiebt, dass die Sonne auf dem Aszendenten zu stehen kommt. Befindet sich Merkur jetzt über dem Horizont, ist er Tagplanet, steht er unter dem Horizont, dann ist er Nachtplanet.

Nicht nur quantitativ, sondern auch qualitativ ist die Verteilung zwischen Tag und Nacht gerecht, denn unter den Tagplaneten befindet sich neben dem Licht Sonne ein klassischer 'Wohltäter' (Jupiter) und ein 'Übeltäter' (Saturn). Bei den Nachtplaneten befindet sich neben dem Licht Mond die 'Wohltäterin' Venus und der 'Übeltäter' Mars. Auf die Begriffe Wohl- und Übeltäter kommen wir weiter unten in Kapitel 10 nochmals zurück und werden diese dann relativieren, denn die Übeltäter sind nicht immer nur negativ und die Wohltäter können auch mal böse sein.

In einem Taghoroskop steht ein Tagplanet in seiner *Sektion*[4] und er hat eine gute Ausgangsposition für sein Funktionieren. Man kann es mit einem Fußballspieler vergleichen, der eine Partie im eigenen Stadion spielen kann. Noch besser steht er, wenn er sich zudem über dem Horizont befindet (was bei der Sonne in einem Taghoroskop übrigens immer der Fall ist). Dies gilt auch für einen Nachtplaneten, wenn dieser in einem Nachthoroskop ebenfalls über dem Horizont steht.

Umgekehrt hat ein Tagplanet in einem Nachthoroskop eine geschwächte Startposition, und dies ist auch bei einem Nachtplaneten in einem Taghoroskop der Fall. In einem Taghoroskop ist die *Sonne* das *Hauptlicht*, in einem Nachthoroskop ist dies der *Mond*.

Wenn ein Planet in seiner *Sektion* steht und zudem Würde hat, wird er besonders stark und könnte gegebenenfalls zum *Horoskopherrscher* werden, also zum Planeten, der das Leben des Geborenen dominiert und die Fäden in der Hand hält (siehe Kapitel 8). Allerdings müsste er dann noch einige zusätzliche Bedingungen erfüllen: So sollte er nicht *rückläufig* und nicht von der Sonne *verbrannt* sein. *Verbrannt* nennen wir einen Planeten, der weniger als etwa 8° von der Sonne entfernt ist und damit morgens beim Sonnenaufgang oder abends beim Sonnenuntergang unsichtbar ist. Sowohl die Rückläufigkeit als auch die Verbrennung schwächen nach klassischer Auffassung einen Planeten sehr.

Am Horoskop des großen Reformators Martin Luther will ich zeigen, wie diese klassischen Regeln funktionieren. Luthers Geburtsbild ist ein Nachthoroskop, was bedeutet, dass die Nachtplaneten Mond, Venus und Mars eine bessere 'Startposition' haben als die Tagplaneten Sonne, Jupiter und Saturn. Auch Merkur gehört zu den Nachtplaneten, denn seine zodiakale Position vor der Sonne macht ihn zum Abendstern. Aber sowohl Venus als auch Merkur stehen in »Anti-Würde«: Venus steht in ihrem Exil Skorpion und Merkur in seinem Exil Schütze. Mars und Mond sind viel besser platziert: Der Mond hat zwar in Widder keine Würde, steht aber als Nachtplanet in einem Nachthoroskop über dem Horizont stark und ist das Hauptlicht des Horoskops. Mars steht in seinem klassischen Domizil Skorpion sehr stark und beherrscht als Dispositor nicht weniger als vier Planeten: die beiden Lichter Sonne und Mond plus Venus und Saturn. Daraus kann man schon schlussfolgern, dass Mars und Mond weitaus die stärksten Planeten in Luthers Horoskop sind. Übrigens hängt das Wohlbefinden von Planeten stark vom der Stellung und den Würden ihres Dis-

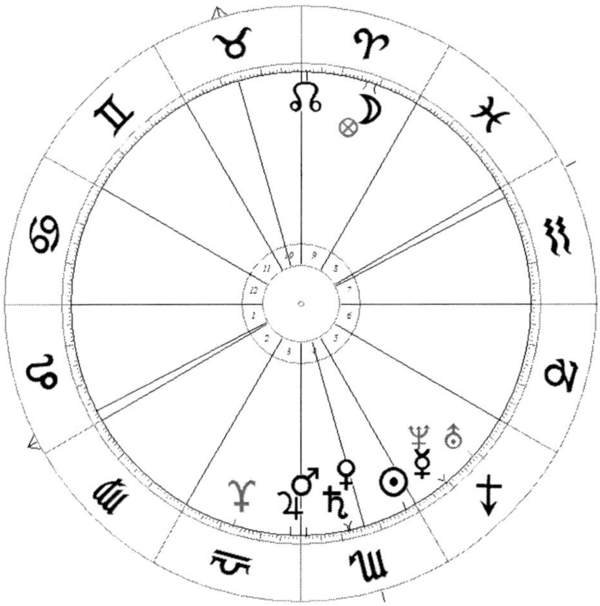

Abbildung 6: Martin Luther, Ganzzeichenhäuser, 10.11.1483, 22.14 GMT, Eisleben, D

positors ab. Da Mars hier gut steht, fühlen auch Sonne, Mond, Venus und Mars sich relativ wohl. Sie sind mit Arbeitnehmern in einer Firma zu vergleichen, deren Chef (Mars) ein guter Arbeitgeber ist.

Interessant ist, dass dieser Mars nicht nur Herrscher von Haus vier, sondern auch Herrscher des neunten Hauses ist, welches u.a. für die Religion zuständig ist. Da Mars so gut steht, kann der Widder-Mond an der Spitze des neunten Hauses im Bereich der Religion auch einige hervorragende Widdereigenschaften wie Offenheit und Kampflust entwickeln! Der starke Mond machte Luther auch zu einem Mann des Volkes.

Durch seinen Skorpion-Mars wurde Luther zu einem Kämpfer für die Umkehrung der Werte, zu einem Chirurgen, der unbarmherzig (ohne vorherige Anästhesie!) die Auswüchse der katholischen Kirche unters Messer nahm. So betonte er in einer seinen Predigten, dass der Glaube an Gott erst wertvoll wird, nachdem der Mensch mit Ihm (Gott) *gekämpft* und Ihn *besiegt* (!) hat! Luther war auch der erste Geistliche innerhalb der Kirche, der offen gestand, dass Sexualität (Mars) nicht nur der Fortpflanzung dient, sondern auch Spaß machen kann.

Dieses Beispiel zeigt, dass die klassische Betrachtung es ermöglicht, ziemlich schnell die Zusammenhänge im Horoskop aufzuzeigen und damit sofort ein Bild von den Motivationen des Geborenen zu entwerfen.

5. Gastgeber und Gäste: Die Würden der Planeten

Planet	*Domizil*	*Erhöhung*	*Triplizität*	*Exil*	*Fall*
Sonne	♌	♈	♐	♒	♎
Mond	♋	♉	♍	♑	♏
Merkur	♊/♍	♍	♎/♒	♐/♊	♓
Venus	♉/♎	♓	♑	♏/♈	♍
Mars	♈/♏	♑	♓	♎/♉	♋
Jupiter	♐/♓	♋	♈/♌	♊/♍	♑
Saturn	♑/♒	♎	♊	♋/♌	♈

Abbildung 7: Tabelle der klassischen Würden

Die Alten betrachten die Planeten als Götter, die sich im Tierkreis ein oder zwei Häuser bauten, eine Idee, die schon von den Babyloniern gepflegt wurde. In diesen ihren **Domizilen** (lat. domus = Haus) sind sie in innerhalb ihren eigenen vier Wänden, und können dort ihre besten Eigenschaften entfalten. Die beiden Lichter Sonne und Mond haben jeweils (nur) ein Domizil: Die rein männliche Sonne hat das männliche (Feuer-)Zeichen Löwe und der rein weibliche Mond (die Mondin), das weibliche (Wasser-)Zeichen Krebs zum Domizil. Den Planeten Merkur, Venus, Mars, Jupiter und Saturn wurden jeweils zwei Domizile zugeordnet, ein männliches und ein weibliches. So hat zum Beispiel Merkur sein männliches Domizil im (Luft-)Zeichen Zwillinge und sein weibliches Domizil im (Erd-)Zeichen Jungfrau.

In den Zeichen, die im Tierkreis gegenüber den Domizilen liegen, befinden sich die Planeten (buchstäblich) im *Exil,* denn sie sind dort am weitesten von ihren Domizilen entfernt. Die Sonne ist deshalb im Wassermann im Exil, Mond im Steinbock und

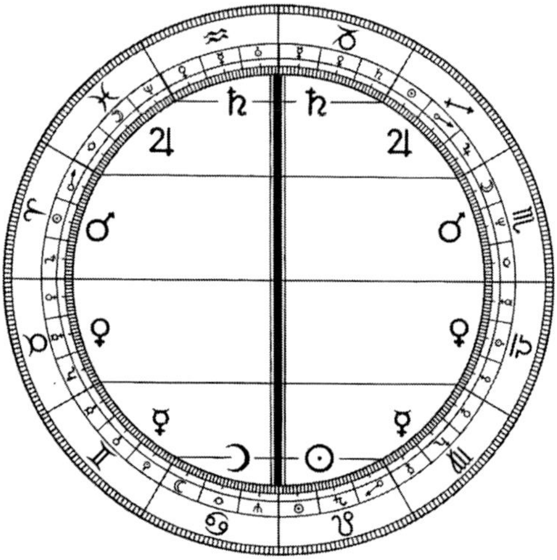

Abbildung 8: Die Planeten in ihren Domizilen

Merkur in Schütze und Fische. In seinem Exil kann ein Planet sich nicht gut entfalten und ist geneigt, eher seine negativeren Eigenschaften zu zeigen.

Zudem finden Sonne, Mond und Planeten in jeweils einem Zeichen ihre **Erhöhung**. So ist die Sonne erhöht im Widder, beim Gastgeber Mars, der die Sonne in seinem Domizil als hoch geschätzten Gast empfängt. In Widder fühlt sich die Sonne wohl und spendet milde ihre guten Eigenschaften.

Ebenso wie die Planeten ihr Exil 180 Grad entfernt von ihrem Domizil haben, so findet ein Planet gegenüber seiner Erhöhung seinen *Fall*. Die Sonne ist also in Waage im Fall und fühlt sich dort nicht besonders wohl.

Die dritte Würde ist jene der **Triplizitäten**. Sie ist weniger wichtig als Domizil und Erhöhung, aber immerhin auch von Bedeutung.

Sonne und Jupiter haben Triplizität in den drei Feuerzeichen Widder, Löwe und Schütze. Aber die Sonne hat in zwei der drei Zeichen bereits eine höhere Würde: In Löwe ist ihr Domizil und in Widder ihre Erhöhung; deshalb ist vor allem ihre Triplizität in

Schütze wichtig! Jupiter hat in Schütze schon eine höhere Würde: Domizil. Deshalb ist vor allem seine Triplizität in Widder und Löwe wichtig.

Mond und Venus haben Triplizität in den drei Erdzeichen Stier, Jungfrau und Steinbock. Aber der Mond hat in Stier schon seine Erhöhung und in Steinbock seinen Fall; deshalb ist vor allem seine Triplizität in Jungfrau wichtig! Venus hat in Stier schon eine höhere Würde: Domizil, und in Jungfrau ihren Fall. Deshalb ist vor allem ihre Triplizität in Steinbock wichtig.

Saturn und Merkur haben ihre Triplizität in den drei Luftzeichen Zwillinge, Waage und Wassermann. Aber Saturn hat in Wassermann schon sein Domizil und in Waage schon seine Erhöhung. Deshalb ist vor allem seine Triplizität in Zwillinge wichtig. Merkur hat in Zwillinge schon sein Domizil, deshalb ist vor allem seine Triplizität in Waage und Wassermann wichtig.

Mars hat als einziger Planet seine Triplizität in den drei Wasserzeichen Krebs, Skorpion und Fische. Aber Mars hat schon sein Domizil in Skorpion und seinen Fall in Krebs und deshalb ist vor allem seine Triplizität in Fische wichtig.

Domizil, Erhöhung und Triplizität sind die *positiven Würden,* während Exil und Fall die *negativen Würden* sind. Wenn ein Planet keine einzige Würde hat, also weder positive noch negative, wird er als **peregrin** (lat. *peregrinus*: fremd, ausländisch) betrachtet und gilt als geschwächt[5].

Die Planetengötter sind dauernd im Tierkreis unterwegs und besuchen einander. Wie sie sich in den Domizilen ihrer Kollegen fühlen und verhalten, kann man dem Würdensystem entnehmen (siehe Abb. 7 und Abb. 8). Ich gebe hier ein Beispiel für das Saturnhaus Steinbock:

Saturn und die Besucher seines Hauses Steinbock

Saturn baut sich ein Haus, das er *Steinbock* nennt. Das Gebäude wirkt *streng*, ist ohne Luxus, hat aber eine *stabile Struktur.* Saturn fühlt sich in diesem Haus sehr wohl, weil er sich hier auf seine Arbeit *konzentrieren* und seine Ziele mit *Ausdauer* verfolgen kann. In Steinbock hat Saturn sein *Domizil.*

Mars ist Saturns beliebtester Gast. Saturn empfängt Mars gerne, weil dieser ihm die nötige *Energie* für die Verwirklichung seiner Pläne liefert, für seinen Ehrgeiz, die höchsten Gipfel zu besteigen. Mars fühlt sich seinerseits im Hause Steinbock wohl, weil der Hausherr Saturn der martialischen Energie eine feste Struktur verleiht und sie kanalisiert, sodass nichts davon verloren geht. Die beiden Planeten tauschen hier ihre Talente auf sehr fruchtbare Weise aus. In Steinbock befindet sich Mars in seiner *Erhöhung.*

Auch *Venus* ist merkwürdigerweise nicht ungern bei Saturn zu Gast. Obwohl nach ihrer Meinung das Haus zu spartanisch ist, das Bett im Gästezimmer zu hart, die Heizung zu niedrig eingestellt, begreift sie, dass die Liebe hier die *Beständigkeit* findet, die sie zum Gedeihen und Blühen nun einmal braucht. Saturn empfängt Venus gerne, weil es ihr gelingt, die Atmosphäre seines Hauses einigermaßen aufzulockern. In Steinbock steht Venus in ihrer *Triplizität.*

Der *Mond* dagegen fühlt sich in diesem Haus miserabel. Für ihn ist die Atmosphäre zu unpersönlich, zu unsensibel. Er ist froh, wenn er nach gut zwei Tagen das Haus wieder verlassen kann! In Steinbock steht der Mond in seinem *Exil.*

Jupiter hasst dieses Haus. Seine Jovialität, sein Optimismus und sein Drang nach Expansion stoßen hier auf Zurückhaltung, Pessimismus und Konservatismus. Leider muss er hier ein Jahr ausharren, aber gottlob nur einmal alle elf Jahre! In Steinbock ist Jupiter im *Fall.*

Die *Sonne* fühlt sich in diesem kalten Haus gar nicht heimisch. Wie immer möchte sie auch hier 'bella figura' machen und die Königsrolle spielen. Aber Saturn ist davon überhaupt nicht beeindruckt. In Steinbock ist die Sonne daher *peregrin.*

Der anpassungsfähige *Merkur* weiß sich auch hier anzupassen, obwohl ihm in diesem Hause alles zu *schwerfällig* und zu *langsam* ist. In Steinbock ist Merkur *peregrin.*

6. Gegenseitige Rezeptionen und Antiszien

Gegenseitige Rezeptionen

Neben den Würden gehören gegenseitige Rezeptionen und Antiszien zur Grundlage der klassischen Horoskopdeutung, die in der modernen Astrologie oft in Vergessenheit geraten.

In gegenseitiger Rezeption stehen zwei Planeten, wenn der eine in einer Würde des anderen steht und umgekehrt. Die beiden Planeten sind dann die Dispositoren voneinander, sie »empfangen« einander. Einige Beispiele: Sonne in Widder (Marsdomizil) und Mars in Löwe (Sonnendomizil). Oder: Venus in Krebs (Monddomizil) und Mond in Fische (Venuserhöhung). Im letzteren Fall spricht man von einer 'gemischten' gegenseitigen Rezeption. Die gegenseitige Rezeption hat folgendes Symbol: ↔. Man schreibt also: Venus ↔ Mond. Sogar Planeten, die sich in der Triplizität, den Grenzen oder im Dekanat voneinander befinden, stehen in einer schwachen Rezeption. Die Rezeption in Domizil und/oder Erhöhung ist sehr stark und kann als eine Art Konjunktion bewertet werden. Die Kraft einer gegenseitigen Rezeption wird übrigens einigermaßen geschwächt, wenn die betroffenen Planeten selbst nicht gut stehen, zum Beispiel wenn einer der beiden Planeten verbrannt oder rückläufig ist oder in Exil steht usw. Die Hilfe erfolgt dann einseitig: der besser Positionierte kann nur dem Schwächeren helfen, nicht umgekehrt.

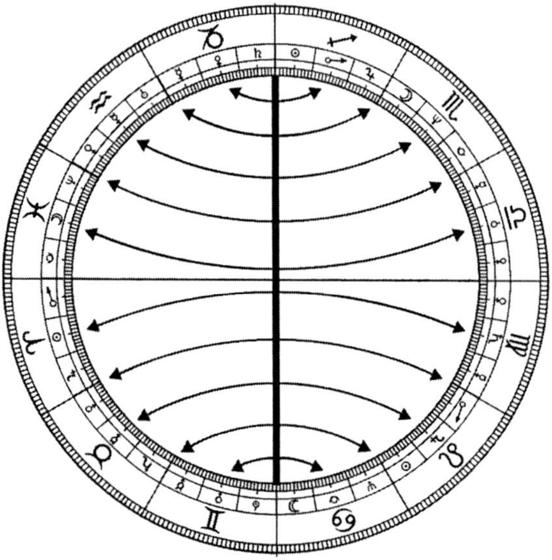

Abbildung 9:
Die Spiegelung der Planeten über die Achse Krebs/Steinbock

Antiszien

Zwei Planeten stehen in Antiszie, wenn sie in Bezug auf die Achse 0°-Krebs/0°-Steinbock (die Solstizien oder Sonnenwendepunkte) die gleiche Länge haben. Beispiel: Der eine Planet steht auf 18° Zwillinge, der andere auf 12° Krebs: Beide sind 12° von der Achse 0°-Krebs/0°-Steinbock entfernt. Ihre Position wird also über diese Achse auf die andere Seite »gespiegelt«. Obwohl die beiden sich gegenseitig nicht aspektieren, kann man diese Antiszien (oder Spiegelpunkte) als eine Art Konjunktion bewerten. Zur Kontrolle: Wenn man die Grade, in denen zwei Planeten in Antiszie stehen, addiert, ergibt die Summe (ungefähr) 30! Der Begriff *Antiszie* geht auf das griechische Wort »anti-skion« zurück, was heißt »einen Schatten in die Gegenrichtung werfend«. Dieses »Schattenverhältnis« der beiden Planeten in Antiszie bedeutet in der Stundenastrologie oft, dass die Verbindung der beiden Planeten einen heimlichen Charakter hat, was auch im folgenden Beispielhoroskop (Abbildung 10) der Fall ist.

Von *Gegen-Antiszie* spricht man, wenn zwei Planeten sich an der Achse 0° Widder/Waage (die Äquinoktien oder Tagundnachtgleiche-Punkte) spiegeln. Ein Planet auf 18° Zwillinge hat seine Gegen-Antiszie auf 12° Steinbock: Beide sind 78° von der Achse 0°-Widder/0°-Waage entfernt. Die Gegen-Antiszie eines Planeten ist immer in Opposition zur Antiszie! Die Gegen-Antiszie kann als eine Art Opposition bewertet werden. Zu Unrecht werden Antiszie und Gegen-Antiszie oft vernachlässigt. Immer wieder zeigt sich, dass sie die Deutung entscheidend beeinflussen können.

Eine Mutter stellte mir die Frage, ob ihr Sohn der Vater des Kindes ist (Abbildung 10). Die schwangere Freundin ihres Sohnes hat sie besucht und behauptet, dass das Kind, das sie trägt, von ihrem Sohn gezeugt worden sei. Der Sohn streitet dies ab. Das Mädchen und der Sohn sind beide noch nicht erwachsen. Eine schwierige Lage!

Für den Sohn steht in diesem Horoskop der antike Herrscher des fünften Hauses (H5), also Jupiter, denn Kinder fallen unter das fünfte Haus.

Das Mädchen ist die (Sexual-)Partnerin des Sohnes und damit ist der Herrscher des siebten Hauses, gezählt ab dem fünften Haus der Signifikator für sie: Merkur. Das elfte Haus ist das gedrehte siebte Haus ab Haus 5. Da man den Sohn im fünften Haus findet, findet man seine Partnerin davon ausgehend sieben Häuser weiter, also in Haus 11.

Beide Planeten stehen an Achsen sehr dominierend (Merkur am MC und Jupiter am DC), was an sich schon eine Bestätigung der Frage ist. Interessant ist, dass beide Planeten in Antiszie stehen: Merkur auf 23° Löwe ist 53° von 0° Krebs entfernt. Jupiter auf 7° Stier steht ebenfalls auf 53° Entfernung von 0° Krebs. Diese

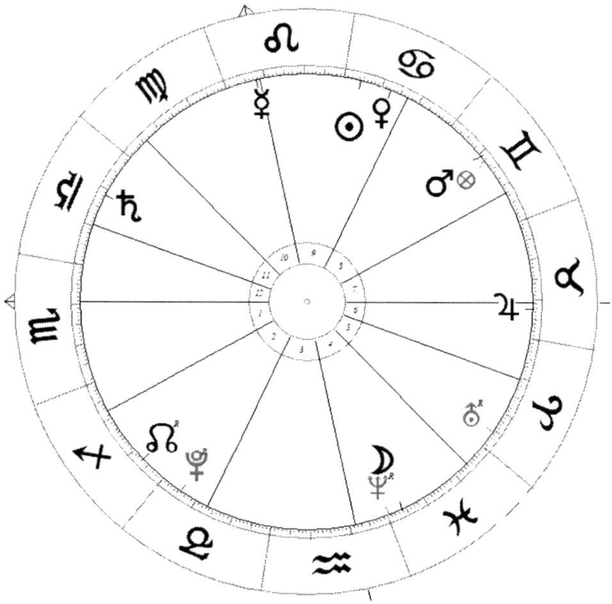

Abbildung 10: »Hat mein Sohn das Kind gezeugt?«, Placidus-Häuser, 18.7.2011, 15.04 MEZ/S, Neubiberg, D

Konstellation bestätigt die starke Verbindung der beiden, aber beweist noch nicht, dass der Sohn auch der Vater des Kindes ist, obwohl die junge Frau behauptete, mit keinen anderen Sexualpartnern verkehrt zu haben.

Falls der Sohn tatsächlich das Kind gezeugt hat, erkennt man dies am Herrscher des fünften Hauses, gezählt ab Haus 5 = Herrscher 9 = Mond. Der Mond ist übrigens Verwandtschaftsplanet für kleine Kinder! Jetzt folgt der astrologische Nachweis für die Vaterschaft:

1. Mond (Kind) bildet ein applikatives (zulaufendes) Sextil zu Jupiter!
2. Mond und Jupiter stehen in einer starken gegenseitigen Rezeption: Der Mond steht in Jupiters Domizil Schütze und Jupiter steht in der Erhöhung des Mondes Stier.

Ich habe der Mutter gesagt, dass das Fragehoroskop eine deutliche Antwort gibt: Ja, ihr Sohn ist der Vater! Die Tatsachen haben das später auch so bestätigt.

Wir werden noch öfters sehen, dass Stundenhoroskope sehr häufig mit nur wenigen Planeten gedeutet werden können. Hier gelang dies mit nur drei Planeten Mond, Merkur und Jupiter!

Das Drehen des Horoskops

Damit dieses Horoskop richtig gedeutet werden kann, muss es zweimal »gedreht« werden. In Bezug auf die Fragestellerin (H1) finden wir den Sohn im 5. Haus. Partnerschaften sind im 7. Haus, folglich ist die Partnerin des Sohnes ist in Haus 7 ab Haus 5 = Haus 11.

Das Kind des Sohnes ist Haus 5 ab Haus 5 = Haus 9 (er ist das Kind der Fragestellerin und es geht wiederum um sein Kind). Anfänger in der Stundenastrologie begehen hier oft Fehler. Sie addieren wie in der Grundschule: 5 + 7 = 12, bzw. 5 + 5 = 10. Falsch! Denn das fünfte Haus zählt in der Addition schon mit! 5 = 1, 6 = 2, 7 = 3 usw.

Dieses Fragehoroskop ist ein schönes Beispiel, wie gegenseitige Rezeptionen und Antiszien die richtige Deutung liefern können!

7. Die Freuden der Planeten

In der klassischen Astrologie haben die *Würden* der Planeten also eine große Bedeutung. Ohne die Einbeziehung dieser Würden (*Domizil* und *Exil, Erhöhung* und *Fall* usw.) ist es klassisch gesehen schlicht unmöglich, Horoskope angemessen zu deuten. Die Würden beziehen sich auf die Position der Planeten in den *Tierkreiszeichen.* Viel weniger bekannt ist, dass Sonne, Mond und die fünf antiken Planeten auch in bestimmten *Häusern* eine Art Würde haben, die man die *Freuden* der Planeten nennt. Die Abbildung zeigt, um welche Häuser es geht.

Die beiden Lichter *Sonne* und *Mond* haben ihre Freude in oppositionellen Häusern: Sonne im neunten und Mond im dritten Haus. Das Gleiche gilt für die beiden klassischen Wohltäter *Venus* und *Jupiter*: Venus hat ihre Freude im fünften und Jupiter im elften Haus. So sind ebenfalls die 'Freudenhäuser' der beiden klassischen Übeltäter *Mars* und *Saturn* in Opposition: Mars hat seine Freude im sechsten und Saturn im zwölften Haus. *Merkur* erlebt seine Freude im ersten Haus.

Diese Systematik in der Zuordnung der Freuden zeigt sich auch noch auf eine andere Weise: Die drei *Tagesplaneten* Sonne, Jupiter und Saturn haben ihre Freude *über* dem Horizont, in *Tageshäusern.* Die drei *Nachtplaneten* Mond, Venus und Mars freuen sich *unter* dem Horizont, in *Nachthäusern.* Und der anpassungsfähige Merkur hat seine Freude in einem Haus auf der Grenze zwischen Tag und Nacht.

Leider sind die *Freuden*, die klassisch gesehen nicht nur in Stunden-, sondern auch in Geburtshoroskopen eine Rolle spielen, in unserer Zeit kaum noch in Gebrauch. Ich hoffe, die 'Freuden' hier für meine Leser wiederbeleben zu können!

Wenn ein Planet in seiner 'Freude' steht, fühlt er sich in diesem Haus stark und kann seinen Aufgaben gerecht werden.

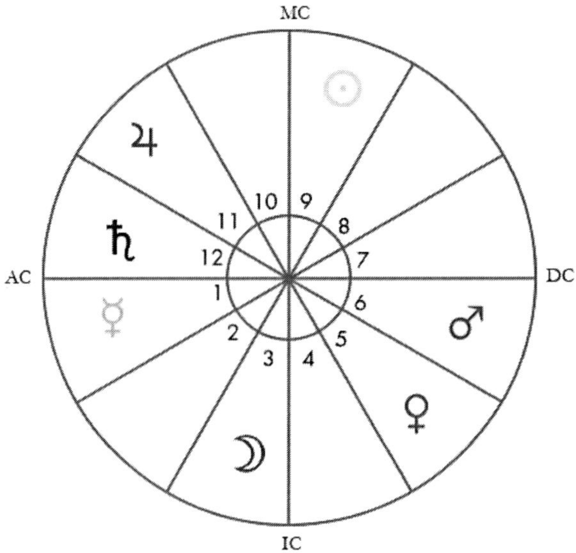

Abbildung 11: Die Freuden der Planeten in den Häusern

Die *Sonne* hat ihre Freude im neunten Haus, weil sie dort ihre größte Wärme und ihr hellstes Licht ausstrahlt. Denn die Sonne steht in einem Horoskop im neunten Haus, kurz nachdem sie mittags am MC ihren höchsten Punkt erreicht hat. Sie kann an dieser Stelle 'mit Freude' ihren Aufgaben gerecht werden.

Der *Mond* hat im dritten Haus seine Freude, weil er sich als schnellster Himmelskörper im Haus der Bewegung und der Reisen zu Hause fühlt.

Dass *Venus*, der Planet der Liebe und des schönen und angenehmen Lebens, ihre Freude im fünften Haus hat, kann nur selbstverständlich sein, denn dieses Haus ist genau für diese Themen im Leben zuständig.

Jupiter, der große Wohltäter, der Planet des optimistischen Wachstums, hat logischerweise seine Freude im elften Haus, das in der Klassik als eines der besten Häuser betrachtet wird und oft 'das große Glück' genannt wurde.

Dass *Mars* und *Saturn* sich in Häusern mit einem schlechten Ruf (sechs und zwölf) freuen, ist ebenfalls vorstellbar, denn die beiden sind die klassischen »Übeltäter«. Dies hat zur Auffassung geführt, dass diese Planeten in diesen Häusern noch böser sind als sonst. Meine Erfahrung ist aber, dass Mars und Saturn im Haus ihrer Freude zwar streng und auch unangenehm sein können, aber sich immer *gerecht* verhalten.

Warum hat *Merkur* seine Freude im ersten Haus? Laut klassischer Überzeugung repräsentiert nicht das ganze Horoskop, sondern nur das erste Haus den Geborenen! So ist das zweite Haus nicht der Geborene selbst, sondern sein Hab und Gut, wie beispielsweise auch das zehnte Haus nicht den Geborenen selbst, sondern sein Wirken in der Welt usw. repräsentiert. Weil der Geborene als Mensch ein denkendes Wesen ist, hat *Merkur* seine Freude im ersten Haus.

Wenn ein Planet nicht nur in einer seiner positiven Würden, zum Beispiel in seinem Domizil, sondern auch in seiner Freude steht, wirkt er außerordentlich positiv. Steht ein Planet aber in seinem Exil oder Fall und zur gleichen Zeit in seiner Freude, dann wird der Einfluss der negativen Würde merklich gemildert.

8. Der Horoskopherrscher

Planet	*Domizil*	*Erhöhung*	*Triplizität*	*Exil*	*Fall*
Sonne	♌	♈	♐	♒	♎
Mond	♋	♉	♍	♑	♏
Merkur	♊/♍	♍	♎/♒	♐/♊	♓
Venus	♉/♎	♓	♑	♏/♈	♍
Mars	♈/♏	♑	♓	♎/♉	♋
Jupiter	♐/♓	♋	♈/♌	♊/♍	♑
Saturn	♑/♒	♎	♊	♋/♌	♈

Abbildung 12: Tabelle der klassischen Würden

Das Horoskop: eine Arena

Klassische Astrologen betrachten das Horoskop als eine Arena, in der die Planeten um die Vorherrschaft streiten. Der Planet, der den Sieg davon trägt, ist der *Horoskopherrscher*. Er ist derjenige, der im Leben des Geborenen die Fäden in der Hand hält. Klar ist, dass diese 'kämpferische' Sichtweise sich stark von der modernen psychologisch orientierten Astrologie, die eine eher sanfte Betrachtungsweise entwickelt hat, unterscheidet. Allerdings kann die klassische Methode gerade wegen ihrer Klarheit auch denjenigen, die sich der neuen Astrologie verschrieben haben, einen schärferen Blick auf das Horoskop verschaffen. So bietet der Horoskopherrscher die Möglichkeit, ein Horoskop schnell und zuverlässig in seiner Essenz zu erfassen. Übrigens kommen als Horoskopherrscher nur *Sonne*, *Mond* und die fünf klassischen Planeten *Merkur*, *Venus*, *Mars*, *Jupiter* und *Saturn* in Betracht.

Stärken und Schwächen der Planeten

Ein Planet hat gute Aussichten zum Horoskopherrscher aufzusteigen, wenn er mehrere der folgenden Bedingungen erfüllt:

- Er steht in einer seiner *Würden*, insbesondere in seinem *Domizil*, seiner *Erhöhung* oder in seiner *Triplizität* (siehe Abb.12).
- Er steht in einem Eckhaus oder in Haus 11 oder 5 oder im Haus seiner *Freude* (siehe Kapitel 7).
- Er bildet viele (möglichst gute) *Aspekte.*
- Er steht in seiner *Sektion,* das heißt: ein Tagplanet in einem Taghoroskop und ein Nachtplanet in einem Nachthoroskop (vgl. Kapitel 4).

Schwach steht ein Planet dagegen, wenn er:

- *rückläufig* ist;
- in einer seiner 'Anti-Würden' *Exil* oder *Fall* steht;
- in Haus 12, 8 oder 6 steht;
- nicht in seiner Sektion steht.

Es gibt übrigens noch andere Faktoren, die einen Planeten stärken oder schwächen können, die in diesem Kapitel nicht eingehend behandelt werden. Dafür verweise ich auf die einschlägige Literatur.

Bestimmung des Horoskopherrschers

Bei der Bestimmung des Horoskopherrschers gehen Sie am besten folgendermaßen vor[6]:

1. Zuerst kommt der (klassische) Aszendentherrscher in Betracht, es sei denn, ein anderer Planet ist ihm deutlich überlegen. Wenn der AC-Herrscher sich für die Führerschaft nicht eignet, sind der Reihenfolge nach die folgenden Planeten aussichtsreiche Kandidaten:
2. (falls vorhanden) ein Planet im ersten Haus (aber möglichst nah am AC),

3. (falls vorhanden) der Erhöhungsherrscher des Aszendenten,
4. einer der beiden Triplizitätsherrscher des Aszendenten,
5. der Dispositor des AC-Herrschers,
6. der Dispositor von Sonne oder Mond,
7. der MC-Herrscher.

Dass mit Ausnahme der beiden letzten Punkte alle anderen sich auf den Aszendenten und Haus 1 beziehen, hat als Grund, dass die Klassik insbesondere das erste Haus als Vertreter des Geborenen betrachtet.

Ein Beispiel: Prinzessin Diana von Wales

Wir suchen Dianas Horoskopherrscher der Reihe nach:

1. Der Aszendent-Herrscher Jupiter ist rückläufig. Rückläufigkeit macht einen Planeten für die Rolle als Horoskopherrscher völlig ungeeignet!
2. Es gibt keinen Planeten im ersten Haus.
3. Das Aszendent-Zeichen Schütze kennt keinen Erhöhungsherrscher.
4. Die Sonne, Triplizitätsherrscher des Schützen, steht nicht in einem Eckhaus und hat in Krebs keine Würde.
5. Der Dispositor des Aszendenten-Herrschers Jupiter ist der klassische Wassermann-Herrscher Saturn, der rückläufig ist.
6. Der Dispositor der Krebs-Sonne ist der Mond, der in Wassermann keine Würde hat und nur schlechte Aspekte bildet. Der Dispositor des Mondes ist der rückläufige Saturn.
7. Bevor wir zu Venus kommen, schauen wir uns zuerst noch die beiden übrigen klassischen Planeten an: Merkur und Mars:· Merkur (u.a. Herrscher von 7: Partnerschaft) ist rückläufig und hat keine Würde.·Mars steht ohne Würde im zehnten Haus.
8. *Venus* steht zwar im sechsten Haus, aber in ihrem Domizil Stier, und ist zudem MC-Herrscherin!

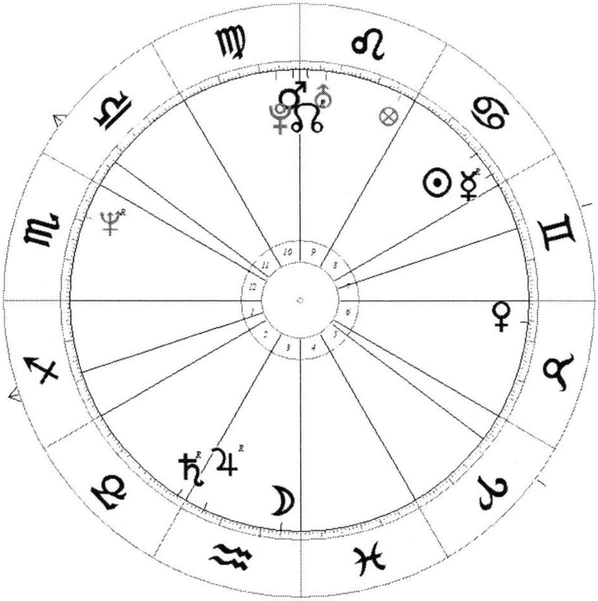

Abbildung 13:
Diana Prinzessin von Wales, Ganzzeichenhhäuser, 1.7.1961, 18.45 GMT, Sandringham, GB

Damit hält nur *Venus* der Selektion stand. Sie ist die Herrscherin dieses Horoskops, obwohl sie nicht alle Kriterien erfüllt. (So steht sie als Nachtplanet in einem Taghoroskop.)

Es ist nicht schwierig zu erkennen, dass Venus in Dianas Horoskop die Fäden fest in der Hand hat: Mit kreativer Selbstdarstellung (Venus), mit ihrer Charme und Weiblichkeit hat 'die Königin der Herzen' in der Öffentlichkeit (Venus ist auch MC-Herrscher!) ihr Leben gestaltet und eine Brücke zwischen dem starren englischen Königshaus und dem Volke geschlagen.

Fixsterne

Dianas Horoskop ist auch ein starkes Beispiel für die Kraft der Fixsterne. (siehe Kapitel 24) Ihr MC steht konjunkt *Spica* (Alpha Virginis), einem der günstigsten Sterne am Himmel, der Erfolg, Ehre und Reichtum verspricht. Die Horoskopherrscherin Venus steht genau auf *Algol* (Bèta Persei), einem bösen Stern, der mit Gewalt und Körperverletzung in Verbindung gebracht wird. Dianas Popularität, ihre Charme und Natürlichkeit, ihr vorzeitiger, gewaltsamer Tod: Das alles erklärt der klassische Astrologe im Grunde nur aus dem MC, der Horoskopherrscherin Venus und zwei Fixsternen!

9. Aszendent und Aszendent-Herrscher: Ruder und Ruderer!

Die Nautische Metapher

Die Nautische Metapher ist ein wichtiger Begriff in der Hellenistischen Astrologie. In dieser Metapher wird das Horoskop bis in Details als das Schiff (vgl. Abbildung 14) betrachtet, auf dem der Mensch seine Reise durch sein Leben antritt. Die zwei wichtigsten Elemente in dieser Metapher sind das Steuerruder (der Aszendent) und der Steuermann (der Aszendent-Herrscher). Sehr wichtig für das Gelingen der Reise ist, dass der Steuermann das Steuerruder »sehen« kann. Astrologisch ausgedrückt: der Aszendent und der AC-Herrscher sollten einen Aspekt miteinander bilden. Wenn das nicht der Fall ist, heißt dies im Grunde, dass der Geborene sein Leben nicht *direkt* lenken kann und Hilfe eines Planeten braucht, der sowohl einen Aspekt mit dem Aszendenten als auch mit dem AC-Herrscher bildet. Dieser Planet wird »der Zeuge« genannt.

Abbildung 14: Ruder und Ruderer

Einige allgemeine Regeln

- Die klassische Astrologie arbeitet ausschließlich mit den *fünf ptolemäischen Aspekten* Konjunktion, Sextil, Quadrat, Trigon und Opposition. Halbsextile (30°), Inkonjunkte (150°), Halbquadrate (45°) usw. kommen nicht in Betracht.
- Die klassische Astrologie arbeitet mit *Zeichenaspekten*: *Alle* Planeten im gleichen Zeichen sind in Konjunktion, *alle* Planeten in *allen* Feuerzeichen sind im Trigon usw.
- Ob ein Aspekt gut oder schlecht ist, hängt fast ausschließlich von den beteiligten Planeten ab. Es ist oft besser, überhaupt keinen Aspekt mit dem Übeltäter Saturn zu haben als ein Sextil. Dagegen ist ein Quadrat mit dem großen Wohltäter Jupiter kaum problematisch.
- Neben Aspekten gibt es andere Verbindungen, die als sehr stark betrachtet werden, wie die gegenseitigen Rezeptionen (siehe Kapitel 6).

Willem Alexander, König der Niederlande

Als der Lehrer Willem Alexanders die Schüler in der Grundschule beauftragte, ein kurzes Referat zum Thema *Was will ich später werden?* vorzubereiten, fragte der kleine Kronprinz: »Muss ich das auch? Ich habe nichts zu wollen!« Tatsächlich wird (Sklaven ausgenommen) kein Mensch so unfrei geboren wie ein Kronprinz, dessen beruflichen Werdegang mit der Geburt schon ziemlich festgelegt ist.

Der schlechte Mars

Der Aszendent, das Steuerruder, steht in Skorpion und der klassische Herrscher des Aszendenten ist Mars (nicht Pluto!), das heißt der Steuermann steht in Waage. Der Steuermann kann somit das

Abbildung 15: König Willem Alexander, Ganzzeichenhäuser, 27.4.1967, 19.57 MEZ, Utrecht, NL

Steuerruder nicht sehen, denn Mars bildet keinen Aspekt zum Aszendenten. Mars ist ohnehin viermal schlecht gestellt:

1. Er steht in Waage im Exil und
2. im ungünstigen zwölften Haus,
3. er hat eine Zeichenopposition zum Übeltäter Saturn in Widder und
4. er ist rückläufig! Für keinen Planeten ist Rückläufigkeit so schlimm wie für den energischen, immer vorwärts strebenden Mars. Fazit: Ungünstiger geht es nicht!

Der wunderbare Jupiter

Aber .. Mars wird geholfen! Sein »Zeuge« ist der Wohltäter Jupiter in Krebs, der sowohl den Aszendenten als auch Mars »sehen« kann: Er bildet ein Zeichen-Trigon mit dem Skorpion-AC und ein Zeichen-Quadrat mit Mars. Jupiter steht ohnehin sehr gut und stark in diesem Horoskop:

1. in seiner Erhöhung Krebs,
2. im Jupiter-freundlichen neunten Haus der Horizonterweiterung,
3. er ist sehr aktiv, denn er bildet Aspekte mit fast allen Planeten, und
4. er bildet die gegenseitige Rezeption mit dem Mond! (Jupiter im Monddomizil Krebs und Mond im Jupiterdomizil Schütze). In einem Monarchen-Horoskop steht der Mond oft auch für das Verhältnis zum Volk, den Untertanen. Die starke Verbindung zwischen Jupiter und Mond bewirkt, dass Alexander anderen freundlich, ja jovial entgegentritt, während dagegen viele in der Nähe seiner Mutter Königin Beatrix schnell nervös wurden.

Alexanders Entwicklung

Lange hat Alexanders AC-Herrscher Mars sich gegen die zukünftige Lebensaufgabe gesträubt, bevor Jupiter die Chance bekam, sich zu profilieren. Das niederländische Volk glaubte lange Zeit nicht, dass der Witzbold Alexander ein guter König werden könnte. Sein Ruf war ausgesprochen schlecht (Prinz Pils). Aber nach seiner ersten Saturnrückkehr wurde Alexander sich seiner Pflichten allmählich bewusster, insbesondere auch nach seiner Heirat mit Máxima, der sehr vernünftigen Frau an seiner Seite. Die ersten Jahre der Königsherrschaft hat Alexander inzwischen gut hinter sich gebracht.

Traditionell versus modern

Nach Ansicht vieler psychologischer Astrologen gibt es im Radixhoroskop des Menschen keine schlechten Konstellationen, weil alle irgendwie »gut« für ihn sind. Die traditionelle Astrologie spricht diesbezüglich eine viel deutlichere Sprache: In Alexanders Horoskop steht Mars sehr ungünstig und Jupiter sehr gut! Das führt zu einer klaren, unmissverständlichen Deutung, die sich die modernen Astrologen durchaus zum Vorbild nehmen könnten.

10. Wohltäter und Übeltäter

Abbildung 16: Jupiter und Saturn

Gemäß der klassischen Tradition ist *Jupiter* der große Wohltäter (*Fortuna maior*) und *Venus* die kleine Wohltäterin (*Fortuna minor*), *Saturn* der große (*Infortuna maior*) und *Mars* der kleine Übeltäter (*Infortuna minor*).

Nach den ptolemäischen Humores ist Jupiter als einziger Planet *warm und feucht* und hat damit jene Qualitäten, die das Leben selbst entstehen lassen. Venus ist (zusammen mit dem Mond) gemäßigt kalt und feucht. Saturn dagegen ist extrem kalt und trocken und Mars ist extrem heiß und trocken. Aus diesem Grund steht der große Übeltäter Saturn besser in einem Taghoroskop, weil am Tag seine extreme Kälte gemäßigt wird, während der kleine Übeltäter Mars in einem Nachthoroskop besser gestellt ist, weil er seine Qualitäten in der kühlen und feuchten Nacht einigermaßen mildern kann. Deshalb gehört Saturn (zusammen mit Sonne und Jupiter) zu den Tagplaneten und Mars (zusammen mit Mond und

Venus) zu den Nachtplaneten. Wir erinnern uns (aus Kapitel 4): In einem Taghoroskop steht die Sonne über dem Horizont, in einem Nachthoroskop steht sie darunter. Die Verteilung der Wohl- und Übeltäter ist gerecht, denn Jupiter und Saturn gehören zu den Tag-, Venus und Mars zu den Nachtplaneten.

Die Sonne ist im Prinzip ein Wohltäter, aber nur wenn sie gut gestellt ist. Zum Übeltäter wird sie beispielsweise für jene Planeten, die ihr in einer Konjunktion weniger als ca. 8° zu nahe kommen und von ihr 'verbrannt' werden. Verbrannte Planeten kann man bei Sonnenaufgang oder Sonnenuntergang nicht sehen, weil das Sonnenlicht sie verschluckt. Solche Planeten können nach klassischer Auffassung ihre Kräfte kaum selbstständig entfalten. Auch in der Opposition wird die Sonne zum Übeltäter, nicht nur für den Mond, sondern auch für die Außenplaneten Mars, Jupiter und Saturn, die während der Opposition zu König Sonne alle rückläufig sind. In alten Zeiten gab es einen Brauch, dass Untertanen sich ihrem König nur rückwärtsgehend näherten! Die Rückläufigkeit schwächt laut der Klassik einen Planeten sehr, weil diese gegen seine Natur ist. Insbesondere in der Stundenastrologie ist das nachweisbar der Fall.

Mond und Merkur verhalten sich neutral. Ob sie eher Wohl- oder Übeltäter sind, hängt von ihrer Position im Horoskop, ihren Aspekten usw. ab.

Schwarz-Weiß-Astrologie?

Kritiker werfen der klassischen Astrologie oft vor, dass diese eine Schwarz-Weiß-Astrologie sei. Insbesondere Begriffe wie »Wohltäter« und »Übeltäter« rufen gelegentlich Irritationen hervor. Dazu Folgendes: Die klassische Astrologie bedient sich einer klaren, unmissverständlichen Sprache, von der kein geringerer als Robert Hand meint, dass die modernen Astrologen davon viel lernen könnten[7]. Zudem wird der Brei nicht so heiß gegessen, wie er gekocht wird, denn klassische Astrologen sehen die Rolle von

Wohltätern und Übeltätern sehr wohl differenziert. Selbstverständlich können die sogenannten Übeltäter Mars und Saturn durchaus auch ihre positiven Eigenschaften entfalten: Mars beispielsweise als Energie und Durchsetzungskraft, Saturn als Struktur, Festigung, Konzentration usw., während umgekehrt die Wohltäter auch ihre negativen Seiten zeigen können: Jupiter als maßlose Übertreibung, Venus als Genusssucht usw. In der Stundenastrologie können sich Wohltäter in Übeltäter verwandeln und umgekehrt. Wenn beispielsweise in einem Stundenhoroskop für eine Prozessfrage Jupiter als Herrscher des siebten Hauses der Prozessgegner ist, kann es sich durchaus um einen schwierigen Gegner handeln, der aber allerdings auch eine gewisse Großzügigkeit (Jupiter) zeigen kann, die völlig fehlen würde, wenn der Gegner Saturn gewesen wäre. Tatsache ist und bleibt, dass Jupiter und Venus ihre Gaben meistens großzügig spenden, während Mars und insbesondere Saturn damit meistens geizen.

In einem modernen Handbuch lese ich als wichtigste Schlüsselworte für Jupiter »*Expansion*, *Gnade*«. Für Saturn »*Beschränkung*, *Mühsal*«[8]. So arg weit liegen hier klassische und moderne Astrologie nicht auseinander

11. Lospunkte

Warum Lospunkte?

In der klassischen Astrologie liefern die Lospunkte (auch Himmelslose oder sensitive Punkte) eine nähere Beschreibung der Planetenthemen. Oft werden die Lospunkte auch arabische Punkte genannt. Zu Unrecht, denn sie stammen schon aus viel älterer Zeit.

Ein Planet ist ein Symbol. Das griechische *sym-bolon* bedeutet buchstäblich das *Zusammengeworfene*, was beinhaltet, dass ein Planet viele Bedeutungen in sich sammelt, viele Themen vertritt. So steht Venus beispielsweise für Liebe, Ehe, Kunst, Mode, Süßigkeit, Genusssucht usw. Aus diesem Grund entwickelte sich das Bedürfnis nach einer Spezifikation dieser zahlreichen Venus-Bedeutungen und so entstanden die Venus-Lospunkte, wie auch die Mars-Lospunkte, die Jupiter-Lospunkte usw.

Berechnung der Lospunkte

Ein Lospunkt ist die Endsumme einer Formel, die aus drei Komponenten besteht, von denen die erste Komponente meistens der Grad des Aszendenten ist. Die zweite ist ein Planet, dessen Gradzahl zum Grad des Aszendenten addiert wird, und die dritte ist ebenfalls ein Planet, dessen Gradzahl von der Summe der beiden ersten abgezogen wird. Die Endsumme ist die Gradzahl des Lospunktes. Die jeweiligen Gradzahlen werden ab 0° Widder gezählt. So hat beispielsweise ein Aszendent auf 15° Stier die Gradzahl 45, die Sonne auf 18° Krebs bekommt die Gradzahl 108. Achtung: Ist die Endsumme größer als 360°, ziehe man 360° davon ab. Zu einer Endsumme kleiner als 0° werden 360° addiert.

Wenn es um Lospunkte geht, die Venusbedeutungen näher

spezifizieren, wird Venus eine der Komponenten in der Formel sein. Zum Beispiel:

- Lospunkt Ehe bei Männern: Aszendent + Venus - Saturn.
- Lospunkt Ehe bei Frauen: Aszendent + Saturn - Venus.

Zur Kontrolle: Wenn der Lospunkt richtig berechnet wird, ist der Abstand zwischen Aszendent und Lospunkt (in zodiakaler Richtung) genauso groß wie der Abstand (in zodiakaler Richtung) zwischen der dritten und der zweiten Komponente in der Formel. Oder: Die dritte Komponente der Formel wird zum AC geschoben, die zweite Komponente schiebt mit. Der Lospunkt befindet sich am Ort des zweiten verschobenen Faktors. Jede gute Software für Astrologie übernimmt die Berechnung der wichtigsten Lospunkte.

Deutung der Lospunkte

Lospunkte sind in der Totalität der Deutung keine wirklich entscheidenden Faktoren, sondern können die Deutung ergänzen und verfeinern. So ist der Lospunkt der Ehe nicht der Hauptfaktor für die Qualität des Ehelebens des Geborenen. Dafür sind eher das siebten Haus, dessen Herrscher, die Planeten im siebten Haus und Aspekte zum Herrscher von 7 zuständig.

Nehmen wir als Beispiel mal wieder das Horoskop von Prinzessin Diana von England, das uns schon in Kapitel 8 als Beispiel gedient hat (siehe Abbildung 13, Seite 44).

Der Herrscher des siebten Hauses ist Merkur auf 3° Krebs im achten Haus. Dieser Planet steht klassisch gesehen ausgesprochen schlecht: Er ist rückläufig, von der Sonne verbrannt, ist peregrin (= hat keine einzige Würde), steht im problematischen achten Haus, bildet einen Aspekt zum Trennungsplaneten Mars und eine Zeichenopposition zum Übeltäter Saturn, der im oppositionellen Zeichen Steinbock steht. Der Liebesplanet Venus steht zwar in Stier in Domizil im sechsten Haus, aber er bildet ein T-Quadrat zu

Mond und Uranus. Aus diesen Faktoren kann man schon die Schlussfolgerung ziehen, dass Dianas Eheleben nicht unter einem günstigen Gestirn steht. Zur Vervollständigung berechnen wir jetzt in Dianas Horoskop den Ehepunkt (Ehe der Frau: AC + Saturn - Venus).

- Aszendent auf 18° Schütze. Entfernung von 0° Widder = 258°
- Saturn auf 28° Steinbock. Entfernung von 0° Widder = 298°
- Venus auf 24° Stier. Entfernung von 0° Widder = 54°

Formel: 258 + 298 - 54 = 502 - 360 = 142° → 22° Löwe.

Dianas Ehepunkt steht in enger Konjunktion mit dem Unruhestifter Uranus, in Quadrat zum Liebesplanet Venus und in Opposition zum gefühlvollen Mond. Das bedarf keines weiteren Kommentars! Die vom Lospunkt (LP) angezeigten Angelegenheiten gedeihen am besten unter den folgenden Bedingungen:

1. Der LP-Herrscher (= der Planet, in dessen Zeichen der LP steht) bildet einen Aspekt mit dem LP.
2. Der LP-Herrscher bildet einen klassischen Aspekt mit dem Aszendenten: Konjunktion, Sextil, Quadrat, Trigon, Opposition.
3. Der LP-Herrscher hat Würde.
4. Der LP-Herrscher sowie der LP selbst werden von Wohltätern aspektiert und werden von Übeltätern nicht verletzt.
5. Besonders enge Aspekte zum LP zeigen wichtige Erfahrungen im Zusammenhang mit dieser Angelegenheit an.

Leider bildet die Sonne, Herrscherin des Ehepunktes von Diana, keinen Aspekt zum Ehepunkt, was bedeutet, dass dieser Lospunkt ein selbstständiges Leben führt und kaum unter Kontrolle zu halten ist.

Im nächsten Kapitel werde ich den wichtigsten Lospunkt, den Glückspunkt oder Pars Fortunae behandeln. Wir werden dann auch sehen, wie die Formeln für die Berechnung in Taghoroskopen und Nachthoroskopen unterschiedlich sind.[9]

12. Glückspunkt (Pars Fortunae)

Bedeutung des Glückspunktes

Nachdem im letzten Kapitel die Lospunkte (auch arabische oder sensitive Punkte genannt) in ihrer Allgemeinheit besprochen wurden, wende ich mich jetzt dem wichtigsten Lospunkt zu, dem *Glückspunkt* oder *Pars Fortunae* (PF), kurz auch *Pars* genannt. Der Glückspunkt ist deshalb so wichtig, weil er sich aus den drei wichtigsten Horoskopfaktoren zusammensetzt: Sonne, Mond und Aszendent. Das Pars Fortunae hat zu tun mit dem Los, das einem zufällt, nicht als Folge bewusster Taten oder Handlungen, sondern einfach, weil man existiert (Mond). Das griechische Wort dafür ist 'tuchè', der willkürliche Zufall (Los), der einen trifft, sowohl im positiven als im negativen Sinne. Tuchè war eine Tochter des Zeus, eine Göttin, die über das Schicksal der Sterblichen entscheiden konnte, und zwar nicht nach Vernunft, sondern nach Laune. Allerdings steht das PF auch für die konkrete Verwirklichung unserer Talente und schöpferischen Möglichkeiten, in denen wir das Glück finden sollen.

Berechnung des Glückspunktes

Da in der klassischen Astrologie der Unterschied zwischen Tag- und Nachthoroskopen als äußerst wichtig betrachtet wird (s. Kapitel 4: *Tag und Nacht*), gibt es für die Berechnung des Glückspunktes eine Tagesformel und eine Nachtformel:

Formel *Taghoroskop* (Sonne über dem Horizont):

AC + Mond - Sonne

Formel *Nachthoroskop* (Sonne unter dem Horizont):

AC + Sonne - Mond

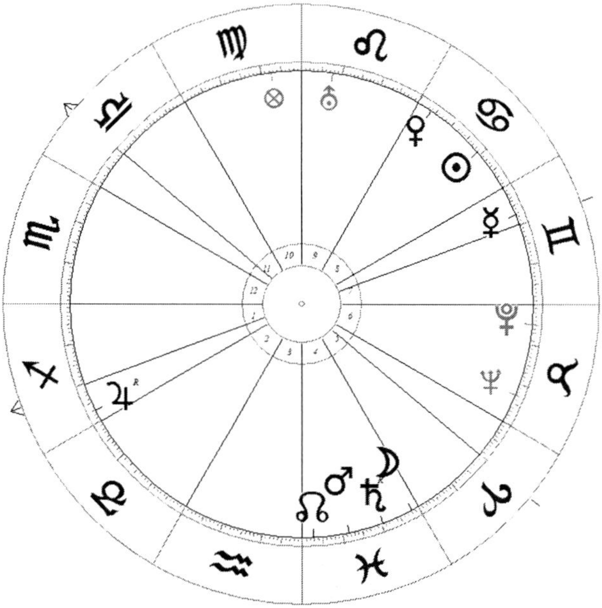

Abbildung 17: Hermann Hesse, Ganzzeichenhäuser, 2.7.1877, 18.30 LMT, Calw, D

Zur Kontrolle: Wenn in einem Taghoroskop der Glückspunkt richtig berechnet wird, ist der Abstand zwischen Aszendent und Glückspunkt in zodiakaler Richtung genau so groß wie der Abstand zwischen Sonne und Mond. Oder: Die Sonne wird zum AC geschoben, der Mond schiebt mit. Das Pars Fortunae befindet sich am Ort des verschobenen Mondes.

Beispiel: Im Horoskop des berühmten Schriftstellers Hermann Hesse (siehe Abbildung 17) steht der Aszendent auf 20° Schütze (= 260° ab 0° Widder), Mond auf 28° Fische (= 358° ab 0° Widder) und die Sonne auf 11° Krebs (= 101° ab 0° Widder). Jetzt berechnen wir Hesses Glückspunkt: 260° + 358° = 618° - 101° = 517° - 360° = 157° = 7° Jungfrau! (Endsumme = Glückspunkt).

Kontrolle: Der Abstand zwischen Aszendent und Glückspunkt beträgt in zodiakaler Richtung 257°, genauso wie der Abstand zwischen der Sonne und Mond (ebenfalls in zodiakaler Richtung).

Regeln für die Deutung des Glückspunktes

In diesen Regeln spielt der klassische Glückspunkt-Herrscher (der antike Planet, in dessen Zeichen der Glückspunkt steht) eine große Rolle. Allerdings: Nur die beiden Lichter Sonne und Mond und die fünf antiken Planeten Merkur bis Saturn treten als Zeichenherrscher auf. Steht Glückspunkt beispielsweise im Tierkreiszeichen Fische, ist nicht Neptun, sondern Jupiter der Glückspunkt-Herrscher. Die vom Glückspunkt angezeigten Möglichkeiten gedeihen am besten unter den folgenden Bedingungen:

1. Der klassische Glückspunkt-Herrscher bildet einen Aspekt mit dem Glückspunkt.
2. Der klassische Glückspunkt-Herrscher bildet einen Aspekt mit einer Horoskopachse.
3. Der klassische Glückspunkt-Herrscher hat *Würde*.
4. Der Glückspunkt-Herrscher sowie der Glückspunkt selbst werden von *Wohltätern* aspektiert und werden nicht von *Übeltätern* verletzt.

Beispiel: Hermann Hesse

Der große deutsche Schriftsteller und Literatur-Nobelpreisträger Hermann Hesse hat, wie wir oben schon sahen, seinen Glückspunkt auf 7° Jungfrau, dessen Herrscher Merkur ist. Ein Glück für Hesses Pars Fortunae ist, dass sein Herrscher Merkur der stärkste Planet in diesem Horoskop ist, weil er essenziell und akzidenziell sehr gut und stark steht: in seinem Domizil Zwillinge, im Eckhaus 7, direkt an der Achse. Zudem ist er nicht rückläufig oder von der

Sonne verbrannt, was ihn sehr schwächen würde. Dieser unglaublich starke Glückspunkt-Herrscher macht auch den Glückspunkt stark, sodass es Hesses großes Talent, das kreative Schreiben (Merkur!), sehr gefördert hat.

Leider wird der Glückspunkt vom Übeltäter Mars in einer Opposition verletzt, was auch nach Streit und Aggressivität aussieht. Dies trifft auf Hesses heftige politische Auseinandersetzungen während des Ersten Weltkrieges zu und auch auf das äußerst schwierige Verhältnis, das er in seiner Adoleszenz mit seinem Vater hatte, den er in seinen Briefen mit »Sehr geehrter Herr« ansprach. Mars ist in Hesses Horoskop der Herrscher des vierten Hauses, das klassisch für den Vater steht!

Hesses Glückspunkt bildet aber auch ein Sextil zur Sonne, welche die Opposition zu Mars harmonisch überbrückt und Hesse natürliche Autorität, Großzügigkeit und Optimismus verlieh.

Prognose

13. Die Saturnrückkehr aus klassischer Sicht

Die Saturnrückkehr im Allgemeinen

Über Saturns Rückkehr an seine Position Ort im Radixhoroskop wurde schon sehr viel geschrieben, aber kaum aus klassischer Sicht. Die erste Wiederkehr Saturns um das 29. Lebensjahr und die zweite etwa um das 59. Jahr teilen das menschliche Leben in drei äußerst wichtige Abschnitte. (Die dritte Rückkehr erleben viele Menschen nicht oder erst an ihrem Lebensende.) Der amerikanische Astrologe Stephen Arroyo hat diese drei Lebensabschnitte sehr schön auf den Punkt gebracht: *»Im ersten Abschnitt werden wir geboren, im zweiten leben wir und im dritten sterben wir.«* Arroyo meint, dass wir in der Zeitspanne bis zu unserem 29. Lebensjahr damit zubringen, uns auszubilden, uns eine Arbeit und einen Lebenspartner zu suchen usw. Zwischen der ersten und zweiten Saturnrückkehr stehen wir im vollen Leben und leben und arbeiten mit dem, was wir im ersten Abschnitt errungen haben. Im dritten Abschnitt haben wir die Aufgabe, zu lernen, dass wir allmählich nicht mehr alles so schnell und gut können wie früher, dass wir bestimmte Dinge (beispielsweise unseren Beruf) abgeben sollten.

Obwohl die erste und zweite Saturnrückkehr beide Male nicht selten als Krise erlebt werden, führt eine gute Bewältigung dieser Krisen dazu, dass man sich nachher fühlt wie ein Baum, der stark zurückgeschnitten wurde, damit er wieder weiterwachsen kann.

Klienten, die um die erste Saturnrückkehr zu einer Radix-Beratung kommen, kämpfen oft mit dem Problem, dass sie sich noch nicht richtig von den Eltern abgenabelt haben und diese noch immer meinen, bestimmen zu dürfen, was ihr schon längst erwachsenes Kind zu tun und zu lassen habe. Frauen hören in diesem Alter nicht selten: »Wann werden wir endlich Großeltern? So viel Zeit bleibt dir nicht mehr!« Eigentlich meinen sie jedoch: »... bleibt *uns* nicht mehr.«) Eine gute Bewältigung der ersten Saturnrückkehr kann zu einer großen Befreiung führen. Das gilt ebenso für die zweite Saturnrückkehr! Ich selbst habe mein aktives Berufsleben (ich war Gymnasiallehrer) vor 15 Jahren an meinem 60. Geburtstag beendet und habe mich seither in meinem Leben noch nie so frei gefühlt. Wer diese zweite Rückkehr gut bewältigt, stürzt nicht in ein schwarzes Loch, sondern ist, wenn die Gesundheit mitspielt, in der Lage, sein Leben fast nur noch mit Dingen zu füllen, die er selbst für angenehm und nützlich hält.

Die Saturnrückkehr aus klassischer Sicht

1. Die Saturnrückkehr ist spürbar, solange sich der transitierende Saturn im Zeichen, in dem sich der Radix-Saturn befindet, aufhält. Eine Rückkehr dauert also etwa 2½ Jahre. Saturn nimmt sich immer Zeit! Steht also Ihr Radix-Saturn in Zwillinge, beginnt die zur Beobachtung stehende Periode der Saturnrückkehr dann, wenn der transitierende Saturn ins Zeichen Zwillinge eintritt und sie endet, wenn er das Zeichen Zwillinge wieder verlässt – inklusive einer eventuellen Rückläufigkeit. Aber selbstverständlich wirkt sich die Saturnrückkehr dann verstärkt aus, wenn Saturn exakt über dem Geburtssaturn transitiert.

2. Typisch klassisch: Die Saturnrückkehr kann sich auf Geborene mit einem Taghoroskop positiver als auf Geborene mit einem Nachthoroskop auswirken. Der Unterschied zwischen den beiden Horoskopen ist einfach festzustellen: In einem Taghoroskop steht die Sonne über dem Horizont (= Achse Aszendent-Deszendent), in einem Nachthoroskop steht sie unter dem Horizont. Weil Saturn ein Tagplanet ist, kann er in Taghoroskopen positiver funktionieren, insbesondere wenn er über dem Horizont steht. In Nachthoroskopen manifestiert er sich nicht selten als schwieriger, was sich während seiner Rückkehr für den Gebore-

nen deutlich auswirken kann. Die positiven Manifestationen Saturns: bewusste Konzentration auf die betroffenen Themen, Vertiefung, das Über-Bord-Werfen von Ballast, Neuordnung eines Lebensbereiches usw. Die negativen Manifestationen: Erstarrung, Verschlossenheit, Festhalten an alten Gewohnheiten, Traditionen, die sich überlebt haben usw. Natürlich muss man nicht unbedingt davon ausgehen, dass die am Tag Geborenen *immer* besser mit einer Saturnrückkehr umgehen als die Nachtgeburten, weil dies auch von weiteren Horoskop-Faktoren abhängig ist. (Das erläuterten wir im Kapitel 4 Tag- und Nachtplaneten)..

3. *Die Saturnrückkehr macht sich nicht nur bemerkbar in den Themen, die das Haus, in dem Saturn im Geburtshoroskop steht, beherrschen, sondern auch in den Themen jener Häuser, deren Hausherr er ist.* Steht Radix-Saturn beispielsweise im siebten Haus, dann wirkt sich die Rückkehr selbstverständlich auf Partnerschaftsthemen aus. Hierin unterscheidet sich die klassische nicht von der modernen Auffassung. Aber wenn in diesem Horoskop Saturn beispielsweise der Herrscher des zweiten Hauses (Spitze in Steinbock) und des dritten Hauses (Spitze in Wassermann) ist, werden während der Rückkehr auch die Themen, die mit diesen Häusern verbunden werden, verstärkt in den Blickpunkt rücken: Finanzen, Besitz (Haus 2), Kommunikation, Geschwister (Haus 3) usw. Übrigens funktioniert diese Regel am besten mit *Ganzzeichenhäusern (Tierkreishäusern).* Diese erklärte ich in Kapitel 3. Bitte zu beachten: In der Klassischen Astrologie ist nicht Uranus, sondern Saturn der Herrscher des Wassermannes!

4. Insbesondere Konjunktionen, Quadrate und Oppositionen, die der transitierende Saturn mit Geburtsplaneten bildet, machen sich bemerkbar. Wenn diese Aspekte allerdings *Wiederholungen* von Aspekten im Radixhoroskop sind, bewältigen bewusst lebende Geborene diese Transite oft relativ gut, weil sie in diesem Fall oft schon gelernt haben, die Probleme dieses Aspekts zu managen.

14. Die Triplizitätsherrscher als Herrscher der drei Lebensphasen

Nach der Elemente-Lehre gibt es im Tierkreis die Feuer-, Erde-, Luft- und Wassertriplizität, in denen nach den klassischen Regeln bestimmte Planeten herrschen. Für die Bestimmung dieser Triplizitätsherrscher ist es wichtig, zu wissen, ob man mit einem Tag- oder Nachthoroskop zu tun hat. Es gibt 2 Systeme, die ich beide benutze:

1. Jedes Zeichen hat zwei Triplizitätsherrscher: einen Tag- und einen Nachtherrscher. Die Wasserzeichen haben allerdings nur einen Triplizitätsherrscher, der sowohl Tag- als auch Nachtherrscher ist, nämlich Mars. Dieses System hat sich nach meiner Erfahrung in der Stundenastrologie sehr bewährt:

Element	*Tagherrscher*	*Nachtherrscher*
Feuer	Sonne	Jupiter
Erde	Venus	Mond
Luft	Saturn	Merkur
Wasser	Mars	Mars

2. Es gibt noch ein zweites System mit *drei* Triplizitätsherrschern pro Element: einem Tagherrscher, einem Nachtherrscher und einem dritten zusätzlichen Herrscher, der sowohl bei Tag als auch bei Nacht regiert.

Dieses zweite System benutze ich als Prognosetechnik für die drei Lebensphasen des Menschen. Man kann hier nach eigener Einsicht vorgehen. Manche nehmen den ersten Herrscher für die ersten 25 Lebensjahre, den zweiten für die Periode zwischen 25 und 50 Jahren und den dritten für die letzte Periode ab dem 50. Lebensjahr. Ich ziehe es vor, die bewährte astrologische Dreiteilung mithilfe der ersten und zweiten Saturnrückkehr zu betrachten. Also die erste Phase bis etwa 29 Jahre, die zweite zwischen etwa 29 und 58 Jahren und ab dem 58. Lebensjahr die dritte Phase (vgl. Kapitel 13). Die Grenzen sind übrigens fließend und hängen möglichst auch von der Lebensdauer ab.

Triplizität	*Tagherrscher*	*Nachtherrscher*	*2. Herrscher - Tag und Nacht*
Feuer	Sonne	Jupiter	Saturn
Erde	Venus	Mond	Mars
Luft	Saturn	Merkur	Jupiter
Wasser	Venus	Mars	Mond

Wichtig: Wenn es um ein Taghoroskop geht, benutzt man das System so wie in der obigen Tabelle. Geht es um ein Nachthoroskop, wechseln die Planeten in der ersten und in der zweiten Spalte den Platz. Zum Beispiel sind die Triplizitätsherrscher für Feuer in einem Taghoroskop Sonne (erste Phase), Jupiter (Mittelphase) und Saturn (letzte Phase). In einem Nachthoroskop dagegen Jupiter (erste Phase), Sonne (Mittelphase) und Saturn (letzte Phase).

Meistens wird die Methode in einem Taghoroskop für das Element des Hauptlichtes Sonne benutzt, in einem Nachthoroskop für das Hauptlicht Mond. Man kann die Methode übrigens auch für Teilprognosen verwenden. Möchte man wissen, wie die berufliche Karriere eines Menschen aussieht, nimmt man die Triplizitätsherrscher des Elements, in dem der MC-Herrscher steht.

Am 2. März 1998 wurde die damals zehnjährige Natascha von dem arbeitslosen Wolfgang Přiklopil in Wien entführt und mehr als acht Jahre lang im Keller seines Haus östlich von Wien gefangen gehalten. Als Kampusch im Jahr 2006 im Alter von 18 Jahren fliehen konnte, führte ihr Wiederauftauchen zu einem weltweiten Medienecho.

Mit Aszendent, Sonne, Mond und Merkur in Wassermann ist es klar, dass wir für diese Lebensphasen die Luft-Triplizität wählen

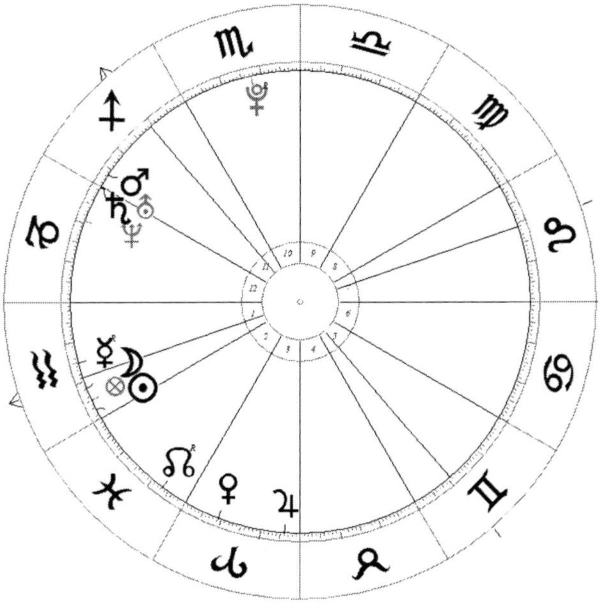

Abbildung 18: Natascha Kampusch, Ganzzeichenhäuser, 17.2.1988, 6.45 MEZ, Wien, A

sollen. Weil es hier um ein Nachthoroskop geht (Sonne unter dem Horizont), wechseln wir den ersten und zweiten Triplizitätsherrscher: In der ersten Lebensphase herrscht also nicht Saturn, sondern Merkur. Dieser Merkur steht sehr dominierend am Aszendenten, aber ist rückläufig, was eine große Behinderung darstellt. Acht lange Jahre konnte sie nur mit ihrem Entführer »kommunizieren«. Auch steht Merkur in einem engen applikativen Quadrat zu Pluto: Für 3096 TAGE (so der Titel ihrer Autobiografie) wurde sie in die Unterwelt verschleppt. Übrigens war der sekundärprogressive Merkur gerade wieder direktläufig geworden, als es Natascha gelang, aus ihrem Verlies zu fliehen!

Meines Erachtens ist diese Methode übrigens der Rahmen, innerhalb dessen die anderen Prognosemethoden (Sekundärprogressionen, Solare, Transite usw.) stattfinden. Als Natascha entführt wurde, stand Transit-Pluto am MC und verstärkte dort die schon anwesende Tendenz: Sie wird aus der öffentlichen Welt (MC) in einen grabähnlichen Zustand (Pluto) versetzt. Zudem stehen MC und Transit-Pluto in Konjunktion mit *Antares* (Alpha Scorpii): dem (vorläufigen) Ende aller Dinge!

Natascha ist jetzt (im Jahre 2017) 29 Jahre alt und befindet sich etwa zwischen der ersten und der zweiten Lebensphase. Obwohl sie bestimmt noch immer kein normales Leben führen kann (mit ihren Eltern gibt es kaum noch Verbindung), sieht die zweite Lebensphase besser aus: Der Herrscher ist Saturn im Domizil Steinbock im zwölften Haus, in dem Saturn in seiner »Freude« steht.

Saturn als Planet der Beschränkung spielte in den Jahren der Entführung eine bleibende Rolle. Wer sich mit der klassischen Prognosemethode der Firdaria auskennt[10] stellt fest, dass die acht Jahre der Gefangenschaft in eine Saturnperiode fielen.

Stundenastrologie

15. Der Sinn der Stundenastrologie

Im Gegensatz zu früheren Zeiten arbeiten Astrologen heute fast ausschließlich mit dem Geburtshoroskop und den daraus abgeleiteten Prognose- und Synastrietechniken, also Solaren, Transiten, Direktionen, Progressionen, Compositen, Combinen usw. Wie hilfreich diese Techniken in der Beratung von Klienten auch sein mögen, wenn es um *konkrete* Aussagen geht, erweist sich keine von ihnen als so effizient wie die klassische Stundenastrologie. Immer mehr Klienten erwarten auf ihre konkreten Fragen konkrete Antworten. Ich spreche jetzt sowohl von den Klienten mit tief gehenden Lebensfragen als auch von jenen, die sachliche Fragen schnell geklärt haben möchten und sich keine ausführlichen psychologische Deutung oder Karma-Analyse wünschen.

Bei allen Fragen, die mir gestellt werden, überlege ich zuerst, inwiefern es meinen Klienten nützt, die Antwort zu bekommen. Auch frage ich meine Klienten beim ersten Gespräch, ob sie schon darüber nachgedacht haben, wie sie mit einer eventuellen negativen Antwort umgehen werden. Regelmäßig kann ich sie davon überzeugen, ihre Frage wieder zurückzuziehen oder überhaupt nicht zu stellen, weil sie einsehen, dass sie bestimmte Erfahrungen selbst machen sollen.

Wenn eine Antwort für den Klienten enttäuschend ausfällt, darf der Stundenastrologe ihn nicht im Stich lassen, sondern hat die Pflicht, mit ihm gemeinsam nach Lösungsmöglichkeiten und Alternativen zu suchen. Diese bieten sich oft schon im Stundenhoroskop an, manchmal auch in den laufenden Transiten über das Radixhoroskop oder im aktuellen Solar. Klassische Astrologie ist keineswegs fatalistisch, sondern bietet immer Alternativen an. Die Stundenastrologie ist dank ihrer deutlichen Regeln oft viel effizienter als moderne Horoskopdeutung, die oft nur entlang von Umwegen zum Ziel kommt.

Eine wahre Geschichte: Eine Frau ließ sich von einer psychologischen Astrologin beraten. Während dieser Beratung fragte die Klientin plötzlich: »Liebt der Mann, in den ich mich verliebt habe, mich auch?« Es stellte sich heraus, dass die Frau im Grunde nur an der Beantwortung dieser Frage interessiert war! Da sie die Geburtsdaten dieses Mannes kannte, fing die Astrologin an, Synastrie zu betreiben. Sie erstellte zudem ein Composit und ein Combin und musste nach vielen Stunden Arbeit zur Erkenntnis kommen, dass sie die Frage nicht klar beantworten konnte. Noch ganz abgesehen davon, dass die Einbeziehung des Geburtshoroskops dieses Mannes ohne dessen Genehmigung ethisch nicht in Ordnung war, war die Beratung für beide Frauen eine frustrierende Erfahrung. So kam diese Klientin zu mir und stellte mir die gleiche Frage, die ich ihr mithilfe der Stundenastrologie innerhalb von wenigen Minuten beantworten konnte.

Auf die *Vorurteile*, die bezüglich konkreter Prognose noch immer herrschen, wollen wir hier nicht mehr eingehen. Ich habe sie an anderen Stellen schon ausführlich behandelt[11]. Als ich vor etwa 25 Jahren anfing, im deutschsprachigen Raum die Stundenastrologie zu verbreiten, musste ich mich mit vielen Gegnern auseinandersetzen, die meinten, dass ich mit meiner »Jahrmarktwahrsagerei» wieder »ins dunkle Mittelalter« zurückgefallen sei. Doch dieser Streit gehört schon längst der Vergangenheit an. Die Stundenastrologie hat sich etabliert und wird jetzt allgemein anerkannt. »Gegner lassen sich nicht überzeugen, sie sterben langsam aus«, ist eine Redensart, die offensichtlich auch auf die Stundenastrologie zutrifft.

Man warf den Stundenastrologen damals Kleinkariertheit und »Beschäftigung mit läppischen Alltagsfragen« vor. Aber wie alltäglich sind Fragen wie »Wer ist der Vater meines Kindes?«, »Wie soll es in meiner Partnerschaft weitergehen?«, »Werde ich entlassen?« Sogar auch Fragen wie »Wo ist mein Hund? Lebt er noch?« werden von Klienten immer als höchst dramatisch erfahren.

Pro Jahr führe ich etwa 150 stundenastrologische Beratungen

durch und hätte damit schon längst aufgehört, wenn ich das Gefühl hätte, mich mit Banalitäten zu beschäftigen. Übrigens werfe ich bei Lebensfragen oft auch einen Blick auf das Geburtshoroskop, insbesondere auf laufende Transite. Aber die Hauptquelle in der Beratung bleibt immer das Stundenhoroskop.

Eine Frau, die auf der Suche nach einer Mietwohnung ist, hat an einem Sonntag eine Wohnung besichtigt und stellt mir am gleichen Tag die folgende Frage: »*Ist die besichtigte Wohnung für mich okay?*« Normalerweise lasse ich mir für die Beantwortung einer Frage ein bis zwei Tage Zeit, aber weil diese Frage sehr einfach war und die Frau eine schnelle Entscheidung treffen musste, habe ich die Frage sofort beim ersten Gespräch beantwortet, indem ich meinen Computer angeschaltet und am Telefon das Horoskop gedeutet habe. Ich brauchte dafür nur drei Planeten.

- Die fragende Frau ist hier der klassische Herrscher des Aszendenten: Saturn, der im sechsten Haus in Löwe in Exil steht, was ziemlich ungünstig ist.
- Immobilien und Grundstücke fallen unter das vierte Haus, dessen Herrscher in diesem Horoskop Merkur ist. Merkur steht in Schütze in Exil, was heißt, dass die Wohnung nicht okay ist. Da Schütze ein Feuerzeichen ist, könnte die Heizung vielleicht nicht gut funktionieren. Ich fragte die Frau, ob die Wohnung kalt gewesen sei (es war ein ungemütlicher Novembertag). Ja, das war sie, aber die Wohnung war leer gestanden, sodass die Heizung nicht angeschaltet war.
- Bei Fragen über Kauf/Miete bzw. Verkauf/Vermietung von Immobilien fällt der Preis immer unter das zehnte Haus, dessen Herrscher hier Jupiter ist. Jupiter ist ein klassischer Wohltäter, aber wenn er den Kauf- oder Mietpreis vertritt, heißt das fast immer: Übertreibung. Die Miete ist wahrscheinlich deutlich zu hoch.
- Der Aszendent befindet sich in den letzten drei Graden des Zeichens. Oft ist das ein Hinweis darauf, dass die Frage zu spät kommt. Ein später Aszendent soll allerdings kein Grund sein, das Horoskop nicht zu deuten.

Abbildung 19: »Ist die Mietwohnung okay?«, Placidus-Häuser, 6.11.2005, 14.08 MEZ, Neubiberg, D

Während des Gesprächs entdeckte ich, dass das verheißungsvolle Trigon zwischen Merkur (Wohnung) und Saturn (Klientin) nicht zustande kommt. Der Aspekt wird *vereitelt:* Saturn steht auf 11° Löwe, während Merkur auf 10° Schütze rückläufig wird! Im Gegensatz zur Radixastrologie muss ein Aspekt auch wirklich exakt werden, damit etwas zustande kommen kann! Das ist hier nicht der Fall. Als ich meiner Klientin sagte, dass sie die Wohnung wahrscheinlich nicht bekommen würde, sagte sie mir, dass der Makler ihr die Wohnung fest versprochen habe. Sie sollte nur am nächsten Tag um 9 Uhr anrufen und ihm ihre Entscheidung mitteilen. Ich antwortete, dass sie, falls dies tatsächlich der Fall wäre, sie sich die Wohnung nochmals genau ansehen und u.a. überprüfen sollte, ob die Heizung in Ordnung sei. Auch sagte ich ihr, dass die Miete wahrscheinlich übertrieben hoch sei, was sie unmittelbar bestätigen konnte, aber, so sagte sie mir, »in München ist das nun einmal so«.

Am nächsten Tag rief die Frau mich wieder an. Sie hatte mit dem Makler gesprochen, weil sie mit ihm noch eine zweite Besichtigung vereinbaren wollte, aber das war nicht mehr nötig. Der Makler berichtete, dass ein Kollege ohne sein Mitwissen die Wohnung schon am Samstag einem anderen Interessierten vergeben hatte und entschuldigte sich dafür bei meiner Klientin.

Die Frage kam in diesem Fall tatsächlich zu spät. Ich sagte zu meiner Klientin: »Eigentlich sollten Sie froh sein. Die Wohnung ist sowieso zu teuer und hat bestimmt eine Macke«. Einige Wochen später fand sie eine Wohnung, die ihr viel besser gefiel und die sie auch genommen hat.

Übrigens steht auf 10° Schütze, dem Grad, an dem Merkur rückläufig wurde, der Fixstern *Antares,* welcher von alters her folgende Bedeutung hat: 'Das Ende der Dinge'. Regelmäßig können Fixsterne eine bedeutende Rolle in Fragehoroskopen spielen!

Dieses Horoskop ist ein schönes Beispiel dafür, dass man im Gegensatz zu einer Radixdeutung für die Deutung eines Stundenhoroskops meistens nur wenige Planeten braucht.

16. Drei Tipps zur Deutung von Stundenhoroskopen

»Soll ich die Wohnung kaufen?«

In einem meiner Seminare bat ich die Teilnehmer, folgendes Horoskop zu deuten: Eine Frau möchte schon seit längerer Zeit eine geräumige Altstadtwohnung in München erwerben. Sie hatte die Hoffnung, etwas Geeignetes zu finden, schon aufgegeben. Aber einige Stunden, bevor sie die Frage stellte, hatte sie unerwartet eine Wohnung besichtigen können, in die, so sagt sie, »ich mich verliebt habe«. Sie stellt mir die Frage: »Soll ich diese Wohnung kaufen.«

Im Grunde kann man das Horoskop nur mit einem Planeten deuten: Jupiter = H4. In der Stundenastrologie steht das vierte Haus für Immobilien. Fazit: Die Fragende soll die Wohnung nicht kaufen!

Da die Frau nach meiner Antwort trotzdem noch zögerte, empfahl ich ihr, damit der Wert des Hauses festgestellt werden konnte, es offiziell begutachten zu lassen. Das Ergebnis: Als die Frau einen Gutachter beauftragt hatte, die Wohnung zu inspizieren, war dessen Urteil äußerst negativ (»eine Ruine!«), worauf sie vom Kauf absah. So sieht man, wie ein Stundenastrologe seine Klienten vor katastrophalen Entscheidungen bewahren kann!

Die Deutungsansätze meiner Studenten brachten mich auf den Gedanken, die meistgemachten Fehler hier aufzulisten, in der Erwartung, dass meine Leserinnen und Leser diese in Zukunft vermeiden werden.

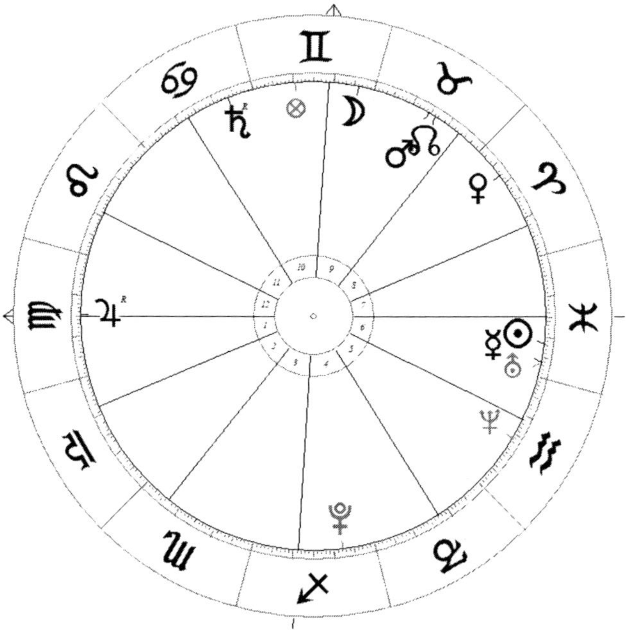

Abbildung 20:
»Soll ich die Wohnung kaufen?«, Placidus-Häuser
27.2.2004, 18.25 MEZ, München, D

Die Widerspiegelung der Frage ist noch keine Antwort!

Wenn das Horoskop die Frage widerspiegelt, ist das für Stundenastrologen ein positives Zeichen: Der oder die Fragende hat die Frage also im richtigen Augenblick gestellt. Wenn die Frage im Horoskop zu finden ist, ist auch die richtige Antwort drin! Aber die Widerspiegelung ist nicht die Antwort selbst! Dass in diesem Stundenhoroskop Jupiter, der Herrscher des vierten Hauses (die Wohnung) am Aszendenten steht, bedeutet nicht (wie einige Studenten zu Unrecht meinten), dass die Frau die Wohnung kaufen soll, es ist nur die Widerspiegelung ihrer Lage: Sie hat sich in die Wohnung verliebt. Das Gleiche gilt für die gegenseitige Rezeption zwischen Jupiter und Merkur (Herrscher Haus 1, die Fragende), die uns zwar die heftigen Gefühle der Frau für diese Wohnung verrät, aber hier wenig hilfreich ist, weil beide Planeten im Exil stehen: Der Blinde hilft dem Lahmen! Die Konjunktion, die Merkur gerade mit Uranus gebildet hat, zeigt uns die aufgeregte Stimmung, in der sich meine Klientin nach der Besichtigung befand.

In der Beschränkung zeigt sich der Meister/die Meisterin!

Astrologen, die sich vor allem mit psychologischer Radixastrologie befassen, neigen dazu, ein Stundenhoroskop »ganzheitlich« deuten zu wollen. In der Stundenastrologie dagegen führt diese Methode schon sehr schnell auf Irrwege und in Sackgassen. Um die Frage meiner Klientin beantworten zu können, brauchen wir im Grunde nur *einen* Planeten: Jupiter, den Signifikator der Wohnung. Jupiter steht sehr schlecht: Er ist rückläufig und steht in seinem Exil. Die Wohnung ist nicht in Ordnung! (Zusätzlich steht Pluto im vierten Haus: verborgene Mängel!) Damit ist die Frage im Grunde schon beantwortet. Aber auch die Fragende selbst, Merkur (Herrscher 1), steht sehr schlecht, nämlich sowohl im Exil als im Fall, im ungünstigen schlechten sechsten Haus und in einer applikativen Verbrennung durch die Sonne. Wenn ein von der Sonne verbrannter Planet im Stundenhoroskop eine Person repräsentiert, kann diese Person ihre Lage oft nicht gut beurteilen, ist nicht objektiv und braucht Ruhe, Abstand und Hilfe. Dies alles trifft auf diese Frau zu, die in ihrer Begeisterung im Begriff war, eine völlig falsche Entscheidung zu treffen.

Alles andere, was wir noch im Horoskop finden, ist nur noch Ergänzung. Ich erwähne hier nur zwei dieser ergänzenden Punkte:

Die Frau wird sich mit dem Kauf dieser Wohnung ruinieren, denn der Herrscher von Haus 2, ihre finanzielle Lage, ist die schlecht gestellte Venus in Exil im schwierigen achten Haus (Schulden!). Auch der Mond bildet fast nur schlechte Aspekte.

Hören Sie auf die genaue Formulierung der Frage!

Einige meiner Studenten meinten, dass Jupiter, der Herrscher vom vierten Haus, die eigene Wohnung der Frau wäre und haben mit verschiedenen Methoden nach einem anderen Planeten gesucht, der für die besichtigte Wohnung stehen könnte. Das wäre nur richtig, wenn meine Klientin gefragt hätte: *»Soll ich mich für Wohnung A (meine eigene Wohnung) oder Wohnung B (die besichtigte Wohnung) entscheiden?«* Aber in der Formulierung ihrer Frage wurde die eigene Wohnung überhaupt nicht erwähnt und deshalb soll diese auch nicht im Horoskop gesucht und gedeutet werden.

17. Die Aspektbildung

Grundregeln

Die klassische Astrologie benutzt nur die *Konjunktion* und die vier *Hauptaspekte Sextil, Quadrat, Trigon und Opposition.* Die kleineren Aspekte (Halbsextil, Quincunx, Halbquadrat, Anderthalbquadrat usw.) werden nicht in Betracht gezogen.

In Fragehoroskopen haben meistens nur die *applikativen* Aspekte eine Bedeutung, das sind die Aspekte, die noch voll (exakt) werden müssen. Die *separativen* Aspekte (Aspekte, die schon exakt gewesen sind und auseinanderlaufen) nehmen keinen Einfluss auf den Verlauf der Ereignisse mehr und berichten höchstens, was in der Sache schon geschehen ist. Selbstverständlich bestimmt der schnellere der beiden Planeten, ob ein Aspekt applikativ oder separativ ist, denn er ist der Aspektbilder.

Hauptregel: Wenn zwei Planeten in einem Fragehoroskop *innerhalb ihrer Zeichen* einen guten *applikativen Hauptaspekt* (Trigon oder Sextil) bilden, kommt die Sache meistens zustande. Beim Quadrat sind die Schwierigkeiten groß und bei der Opposition so groß, dass die Anstrengungen sich meistens nicht lohnen. Die Konjunktion ist neutral: Sie fügt Personen und/oder Sachen zusammen, gleich, ob dies gewünscht wird oder nicht.

Wichtig: Im Gegensatz zur modernen Astrologie wird in der Klassischen Stundenastrologie viel weniger untersucht, ob es im Horoskop *aktuelle* Aspekte gibt, sondern vielmehr, ob sich *innerhalb der Zeichen*, in denen sich Planeten befinden, noch Aspekte entwickeln werden.

Man achte bei der Aspektsuche auf die folgenden Möglichkeiten (siehe Abbildung 21):

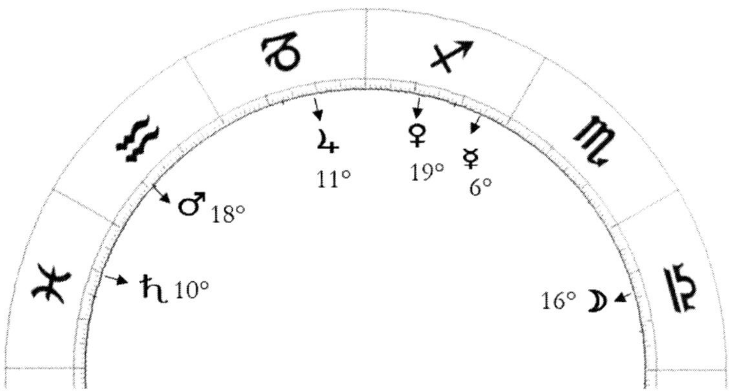

Abbildung 21: Aspektbildung

Fall 1: Wird es eine Konjunktion Merkur-Venus geben?

1. Ja, wenn die Konjunktion noch innerhalb des Zeichens Schütze zustande kommt!
2. Nein, wenn die Konjunktion erst *im nächsten Zeichen* (hier: Steinbock) zustande kommt oder wenn der schnellere Merkur vorher *rückläufig* wird. Der Aspekt geht in diesen Fällen *verloren.*
3. (zu Merkur, Venus und Saturn) Nein, denn bevor Merkur Venus erreicht, muss er zuerst noch ein Quadrat zu Saturn bilden. In diesem Fall wird der Aspekt *vereitelt* (oder wenigstens zeitlich *verzögert*).

Fall 2: Wird es ein applikatives Sextil zwischen Venus und Mars geben?

1. Nein, denn das Sextil ist schon separativ (Venus auf 19° und Mars auf 18°).
2. Ja, das Sextil ist zwar separativ, aber wenn Venus *rückläufig* wird, kann sie erneut ein Sextil zu Mars bilden: *Wiedervereinigung!*
3. (zu Venus, Mars und Mond) Ja, das Sextil ist zwar separativ, aber es gibt eine andere applikative Verbindung, denn ein dritter, *schnellerer* Planet, hier der Mond, bildet zuerst ein Trigon zu Mars und dann ein Sextil zu Venus: *Übertragung des Lichts!* Meis-

tens bedeutet das, dass der dritte Planet (oft eine Person) zwischen den beiden andern vermitteln wird.

Fall 3: Wird es ein applikatives Sextil zwischen Mond und Merkur geben?

1. Nein, denn das Sextil ist schon separativ (Mond auf 16°, Merkur auf 6°).
2. (zu Mond, Merkur und Mars) Ja, das Sextil ist zwar separativ, aber es gibt eine andere applikative Verbindung, denn Mond und Merkur aspektieren nacheinander einen dritten *langsameren (!)* Planeten, Mars! Wir nennen dies *Sammlung des Lichts*. Die Bedeutung ist etwa die gleiche wie bei *Übertragung des Lichts*.

Fall 4: Wird es ein applikatives Sextil wischen Jupiter und Saturn geben?

1. Nein, denn das Sextil ist schon separativ (Jupiter auf 11° und Saturn auf 10°).
2. Aber es gibt eine andere Verbindung, denn der eine Planet steht in einer Würde des anderen und umgekehrt: Jupiter steht im Zeichen von Saturn (Steinbock) und Saturn im antiken Zeichen von Jupiter (Fische). Wir nennen das eine *gegenseitige Rezeption,* die als eine Art (applikative) Konjunktion bewertet werden kann.

Fall 5: Gibt es einen Aspekt zwischen Jupiter und Venus?

Auf den ersten Blick nicht. Aber beide Planeten stehen in *Antiszie* (oder Spiegelpunkt), weil sie in Bezug auf die Achse 0°- Krebs/0°-Steinbock (die Solstizien oder Sonnenwendepunkte) die gleiche Länge haben, das heißt gleich weit von dieser Achse entfernt sind (in diesem Fall beide 11°). Man kann die Antiszie zweier Planeten als eine Art heimliche Konjunktion bewerten, die oft einiges über diese Planeten verrät. Was genau? (Siehe Kapitel 6.)

Fazit: Es lohnt sich, jedes Horoskop sehr genau auf alle möglichen Aspektverbindungen zu untersuchen und dabei nichts zu übersehen! In Fragehoroskopen würde es dann schnell zu Fehldeutungen kommen!

18. Faszination Stundenastrologie

Im Jahr 2014 wurde ich in Bonn mit dem *Goldenen Jupiter* geehrt. In meinem Dankeswort brachte ich ein schönes und vor allem lustiges Beispiel bezüglich der Faszination Stundenastrologie.

Mein Klient besitzt einen besonderen Papagei, einen Hahn Zwergara, der Charlie heißt. Charlie ist untröstlich, denn seine Partnerin ist vor einigen Wochen gestorben. Mein Klient ist jetzt auf der Suche nach einem neuen Partner für den einsamen Charlie. Übrigens sind diese Hahn Zwergaras sehr teuer. Jedes Tier kostet etwa € 700.- oder mehr. Jetzt ist ein Angebot aus Prag gekommen. Das Geschlecht des angebotenen Vogels ist leider unbekannt, denn das ist bei diesen Tieren sehr schwierig festzustellen; das geht nur mithilfe einer Federanalyse, die mehr als € 100.- kostet. Er stellt mir telefonisch folgende Fragen:

- Werden die beiden Vögel gut miteinander auskommen?
- Ist der neue Vogel männlich oder weiblich?

Zur Beantwortung dieser Fragen brauche ich nur drei Planeten! Sonne, Merkur und Jupiter. Ich benutzte Placidus-Häuser. Kleine Haustiere fallen unter das sechste Haus und damit ist Jupiter der Signifikator für Charlie. Einen neuer Partner für Charlie suchen wir also im gedrehten siebten Haus ab Haus 6 und erhalten Haus 12, dessen Herrscher Merkur ist.

Jetzt kann die erste Frage sofort beantwortet werden: Charlie und der Vogel aus Prag werden gut miteinander auskommen, denn Jupiter steht in Merkurs Domizil Zwillinge, und Merkur in den Fischen, dem antiken Domizil von Jupiter – eine klassische gegenseitige Rezeption!

Die zweite Frage ist ein bisschen schwieriger zu beantworten, denn Merkur ist doppelgeschlechtig und muss (wie bei einer Federanalyse!) weiter untersucht werden. Die klassische Regel lautet:

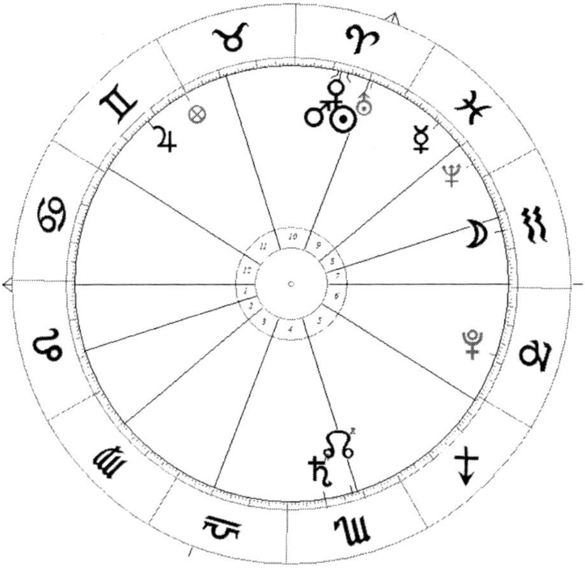

Abbildung 22: Charlie & Jacky, Placidus-Häuser, 5.4. 2013, 12.55 MEZ/S, München, D

Wenn Merkur morgens vor der Sonne aufgeht, ist er männlich, wenn sie abends nach der Sonne untergeht, weiblich. Deshalb habe ich in dieses Horoskop auch die Sonne eingetragen, damit ersichtlich wird, dass morgens Merkur vor der Sonne aufgegangen ist. Der Vogel ist männlich! Mein Klient würde zwar lieber ein Weibchen für seinen Charlie erwerben, aber wegen der verheißungsvollen gegenseitigen Rezeption entscheidet er sich trotzdem, den angebotenen Vogel zu kaufen und reist nach Prag.

Der Vogel, den er kaufen will, ist im Besitz eines Hoteleigners. Als mein Klient die Hotellobby betritt, sieht er einige fröhlich lachende Gäste vor einem Käfig stehen, in dem ein Vogel sitzt, der die Gäste sowohl höflich begrüßt als auch grob beschimpft. Dieser sprachbegabte Vogel (Merkur!) ist Jacky, der Vogel, den mein Klient kaufen kann und tatsächlich auch kauft.

Zurück in Berlin setzt er Jacky in Charlies Käfig, aber sicherheitshalber zuerst mal mit einer gläsernen Trennwand zwischen den beiden, damit sie sich aneinander gewöhnen können. Aber das scheint gut zu gehen. Am nächsten Tag wird die Trennwand entfernt. Was passiert? Jacky schmiegt sich sofort an Charlie und schwärmt romantisch: »*I love you, Charlie ... I love you, Charlie*«!

Einige Wochen später lässt mein Klient aus Neugier die Federanalyse machen. Im Grunde hinausgeschmissenes Geld, denn diese bestätigt meine Deutung: Jacky ist ein Männchen. Quod erat demonstrandum!

Man kann dieses Stundenhoroskop (wie so oft) mit nur wenigen Planeten deuten. In diesem Fall genügen Merkur, Jupiter und Sonne! Wer in diesem Horoskop alle Planeten (ganzheitlich) deuten möchte, wird zweifellos in eine Sackgasse geraten!

19. Fündig werden!

Eine zuverlässige stundenastrologische Suchmethode

Klienten rufen oft an mit Fragen nach verlorenen Gegenständen, entlaufenen Haustiere und manchmal auch verschwundenen Menschen. Diese Fragen sind stundenastrologisch meistens sehr interessant und menschlich nicht selten dramatisch. Hier einige wichtigen Regeln für die Deutung. Der, die oder das Gesuchte kommt zurück, wenn *eine* der folgenden Bedingungen erfüllt wird:

1. Es gibt einen applikativen Aspekt zwischen dem Herrscher des Fragenden (H 1) und dem Herrscher des Gesuchten (HG).
2. Der HG ist rückläufig.
3. Der HG steht an einer Achse oder in einem Eckhaus.
4. H1 und HG stehen weniger als 30° auseinander, am besten im gleichen Zeichen.

Kostbare Gegenstände fallen meistens unter das zweite Haus, kleine Haustiere unter das sechste Haus. Auch der Mond ist häufig ein Signifikator für verlorene Gegenstände und/oder Tiere.

Jetzt folgen drei Fragehoroskope. Ich bitte meine Leser, zu versuchen, diese Horoskope zu deuten. Am Ende dieses Kapitels finden Sie die Lösungen.

Kommt mein Geldbeutel zurück?

Eine Klientin stellte mir obige Frage während der Kaffeepause bei einer astrologischen Tagung. Sie hatte ihre Tasche kurz unbeaufsichtigt gelassen und bemerkte dann kurze Zeit später, dass ihr Geldbeutel mit viel Bargeld sich nicht mehr in der Tasche befand.

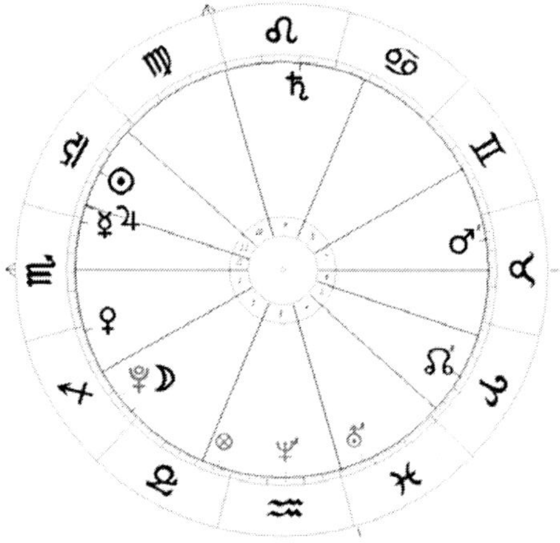

Abbildung 23: »Kommt mein Geldbeutel zurück?«, Placidus-Häuser, 9.10.2005, 10.30 MEZS, Bonn, D

Wo ist Katze Dora? Sie ist seit Tagen verschwunden.

Abbildung 24: »Wo ist Katze Dora?«, Placidus-Häuser, 9.10.2010, 10.30 MEZS, Neubiberg, D

Wo ist der Brillantring?

Eine Frau schreibt mir in einer Mail, dass sie ihren kostbaren Brillantring verloren hat. Wo ist er? Wo soll sie suchen? Als Zeitpunkt der Frage nahm ich den Augenblick, als ich die Frage gelesen hatte.

Abbildung 25: »Wo ist der Brillantring?«, Placidus-Häuser, 20.11.2012, 23.29 MEZ, Neubiberg, D

Lösungen

»Kommt mein Geldbeutel zurück?« (Abb. 23)

Keine der obigen Regeln trifft zu:

1. Es gibt keinen applikativen Aspekt zwischen dem klassischen H1 Mars und H2 Jupiter (150°-Aspekte haben keine Gültigkeit in der Stundenastrologie).
2. H2 Jupiter ist nicht rückläufig.
3. H2 Jupiter steht nicht an einer Achse oder in einem Eckhaus.
4. Mars und Jupiter befinden sich weit über 30° auseinander.

Es geht der Fragestellerin schlecht: Mars ist rückläufig im Exil. Dass sich im Geldbeutel viel Geld befand, sagt uns der großzügige Jupiter an der Spitze des zwölften Hauses: Verlust! Ein eventueller Dieb wird oft vom Herrscher des siebten Hauses angezeigt, in diesem Horoskop ist H7 Venus. Die gegenseitige Rezeption zwischen Jupiter (im Venuszeichen Waage) und Venus (im Jupiterzeichen Schütze) bedeutet, dass das Geld sich bei dem Dieb befindet. Interessant: Venus befindet sich in enger Konjunktion mit dem bösen Fixstern *Graffias* (Bèta Scorpionis), der seit jeher vor Diebstahl warnt!

Wie leider zu erwarten war, blieb der Geldbeutel verschwunden. Der Mond im Leerlauf ist ein zusätzlicher negativer Hinweis.

»Wo ist Katze Dora?« (Abb. 24)

Zwei der obigen Regeln treffen zu:

1. H6 (Katze) = Venus rückläufig.
2. H1 Mars (Fragende) und H6 Venus befinden sich weniger als 30° auseinander.

Leider bildet Venus in ihrer Rückläufigkeit keine applikative Konjunktion mit Mars. Es geht der Katze schlecht: Venus steht in ihrem Exil. Venus in Haus 12: Die Katze ist zum Zeitpunkt der Frage verloren. Obwohl zwei der Regeln zutreffen, was die Rückkehr eigentlich schon garantiert, sieht es nicht so gut aus. Aber die Rettung kommt, und zwar durch den Mond, der dabei ist, zuerst eine Konjunktion mit Venus und unmittelbar darauf eine Konjunktion mit Mars zu bilden. Wir sprechen hier technisch von einer *Übertragung des Lichts*. Der Mond bringt der Besitzerin (Mars) ihre Katze (Venus) zurück! Wer ist der Mond?

Wie war der weitere Ablauf? Am Abend brachte ein Mann aus der Nachbarschaft die Katze zurück. Der Mann erzählte, dass er nachmittags die Katze in einem Geräteschuppen auf seinem Grundstück gefunden hatte. Der Schuppen war leck und stand halb voll Wasser. Die Katze war durch und durch nass gewesen. Der Mann hatte keine Ahnung, woher die Katze kam, bis ein Nachbar ihm erzählte, wer vielleicht die Besitzerin der Katze sein könnte. Interessant: Der Finder war Türke: Mond = H9 = Ausländer! Dass die Katze klatschnass war, erklärt der Stand von Venus im Wasserzeichen Skorpion. Dass die Katze ihr Abenteuer schließlich gesund überlebt hat, zeigt uns die ausgesprochen gute Lage von Mars: in seinem Domizil am Aszendenten (weniger als 3° davon entfernt). Für die Besitzerin (Mars) ging die Geschichte gut aus!

»Wo ist Brillantring?« (Abb. 25)

- Der frühe Aszendent könnte bedeuten, dass die Frage zu früh kommt, was bei solchen Fragen oft ein gutes Zeichen ist: Die Fragende macht sich zu Unrecht Sorgen.
- Signifikator der fragenden Frau ist der Herrscher des ersten Hauses (H1) Merkur. Der Mond ist ihr Nebensignifikator.
- Kostbarer, beweglicher Besitz fällt unter das zweite Haus. Weil die Spitze dieses Hauses ebenfalls in Jungfrau fällt, wird hier oft der Fehler gemacht, Merkur sowohl für die Fragerin als für den Ring zu nehmen und das schon als die Antwort zu betrachten. *Wir brauchen aber für eine zuverlässige Deutung zwei Planeten.* Jetzt haben wir die Qual der Wahl: Nehmen wir Merkur für die Frau und den Mond für den Ring? (Der Mond ist oft Signifikator für verlorene Gegenstände.) Das Umgekehrte ist auch möglich: Der Mond steht für die Frau und Merkur für den Ring. Aus Erfahrung weiß ich, dass die zweite Möglichkeit die zuverlässigere ist.
- Beide Möglichkeiten führen hier fast zum gleichen Ergebnis: Beide stehen in einem Eckhaus und zudem ist Merkur rückläufig. Beide werden auch ein Trigon zueinander bilden. Eine klare Sache: Der Ring kommt zurück!
- Wo könnte sich der Ring befinden? Sowohl Merkur als auch

der Mond stehen in einem Wasserzeichen: Der Ring befindet sich im oder in der Nähe von Wasser. Die Position an der Spitze eines Eckhauses sagt uns, dass der Ring ganz in der Nähe ist: im Haus oder wenigstens auf dem Grundstück des Hauses. Wenn der Ring vom Mond vertreten ist, könnte man ihn eher im Westen (Deszendent) suchen, wenn er Merkur ist, eher im Norden (IC).

- Wann wird der Ring gefunden? Hierfür bietet sich in diesem Fall die folgende Methode an: Wir schauen, wie viel Grad der Mond noch braucht, bevor er das Trigon zu Merkur vollständig macht. Es sind etwa 18 Grade. Diese Zahl setzen wir in eine Zeiteinheit um: 18 Minuten (eher unwahrscheinlich), 18 Stunden (sehr wohl möglich), 18 Tage usw. In Anbetracht der Frage könnte man an 18 Stunden denken. Zudem weist die Position des Mondes in einem beweglichen Zeichen und einem Eckhaus eher auf eine kurze Zeiteinheit.
- Venus als Verwandtschaftsplanet für Schmuck in ihrem Domizil Waage. Der Ring ist schön und kostbar (Erbstück).
- Ein Dieb wird meistens von einem Planeten in ungünstigen Würden (Exil, Fall) an einer Achse vertreten. Einen solchen Planeten gibt es in diesem Horoskop nicht. Die andere Möglichkeit, H7 Jupiter, ist hier jedoch hier unwahrscheinlich, denn Jupiter bildet weder mit Mond noch mit Merkur einen separativen Aspekt. Das Horoskop besagt uns klar, dass der Ring nicht gestohlen wurde.

Der weitere Verlauf ergab: Die Frau hatte ein Fenster geputzt und dabei ihren Ring auf der Fensterbank gelegt. Am nächsten Tag fand sie nachmittags den Ring außerhalb des Hauses direkt unter dem Fenster. Der Ring lag unter einem Gartenschlauch (Wasser).

Nachbetrachtung

Ein häufig gemachter Fehler: Einige meiner Studenten haben versucht, Fragen zu beantworten, die überhaupt nicht gestellt wurden und/oder brachten moderne, psychologische Elemente in die Deutung. Eine goldene Regel in der Stundenastrologie: Beschränken Sie sich nur auf die Beantwortung der gestellten Frage. Alles andere führt meistens in Sackgassen. In diesem Fall hat eine Frau ihren Ring verloren und möchte ihn gerne wiederfinden. Nicht mehr und nicht weniger!

Das Stundenhoroskop wird berechnet für den Augenblick, in dem der Astrologe die Frage hört oder liest und für den Ort, an dem Astrologe sich gerade befindet. Wenn ich eine Frage per Mail gestellt bekomme und diese in Amsterdam öffne, dann ist das Stundenhoroskop auf Amsterdam zu berechnen. Alle anderen Horoskope führen unweigerlich zu Fehldeutungen.

Obwohl Merkur noch einige Bogenminuten vor dem IC steht, gehört er wie alle Planeten, die sich bis 5° vor einer Hausspitze befinden, schon ganz zum nächsten (in diesem Fall 4.) Haus. Ausnahme: wenn sich zwischen Planet und Spitze eine Zeichengrenze befindet.

20. Partnerschaftsfragen

Ein geschiedener Mann hat eine neue Partnerin gefunden. Er ist glücklich mit ihr, hat aber nach den frustrierenden Erfahrungen mit seiner ersten Frau Angst, sich erneut zu binden. Seine Frage lautet: »*Soll ich diese neue Partnerschaft (PS) weiter ausbauen?*«

Eine meiner Studentinnen schrieb mir zu dieser Frage Folgendes: »Ich finde die Fragestellung etwas problematisch: Sollte bei der Analyse herauskommen, dass diese Beziehung »schwierig« werden würde und der Astrologe daher den Klienten »warnt«, diese weiter auszubauen, (denn der Fragende wünscht sich ja eigentlich eine Ja/Nein-Antwort, oder?) könnte ich mir kaum vorstellen, dass der Fragende, der ja derzeit glücklich mit der auserwählten Frau ist, die Beziehung sofort abbricht, sprich seine Gefühle ad hoc abschalten kann. Es wäre meines Erachtens besser, diese Beziehung einfach zu leben, Erfahrungen zu machen, seien sie auch schmerzvoll, und dann daraus zu lernen und zu wachsen. Aus der Frage spricht natürlich die Angst vorm Scheitern und neuen Frustrationen, aber wo die Angst ist, da geht es lang!«

Ausgezeichnet! Vielen Dank für diese gute Bemerkung! Aber selbstverständlich würde ich mich als verantwortungsbewusster Berater in diesem Fall nicht auf einen »Nein« beschränken. Ich kann Ihnen versichern, dass ich bei einer negativen Antwort genau das von Ihnen erwähnte Problem mit meinem Klienten besprechen würde.

Die Deutung

- Zuerst suchen wir nach der *Widerspiegelung* der Frage, denn dies gibt uns die Sicherheit, dass das Horoskop aussagekräftig ist. Zwei wichtige Faktoren liefern uns diese Widerspiegelung:

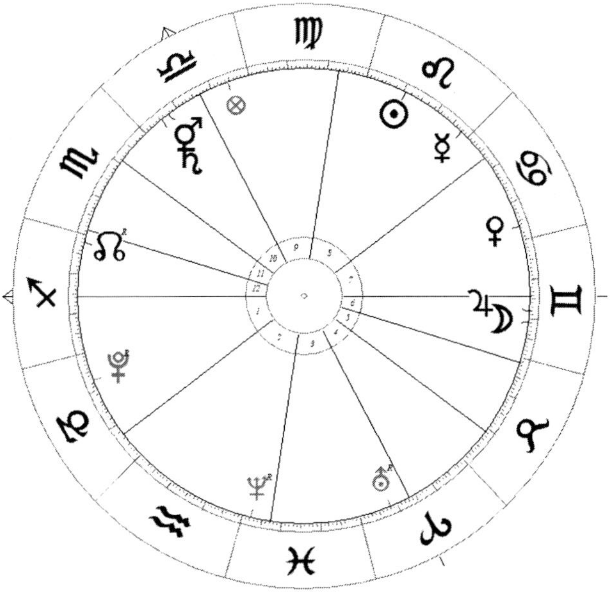

Abbildung 26: »Soll ich diese neue Partnerschaft weiter ausbauen?«, Placidus-Häuser, 11.8.2012, 16.41 MEZS, München, D

H1 Jupiter steht in Konjunktion mit dem Deszendenten (neue Partnerin), und der Liebesplanet Venus im siebten Haus!

- Die Hauptsignifikatoren sind: H1 = Jupiter (der Fragende, und H7 = Merkur (die Partnerin).
- Die Verbindungen zwischen den beiden sind stark: Jupiter im Merkurzeichen Zwillingen bedeutet, der Mann liebt diese Frau sehr! Merkur im Sonnenzeichen Löwe besagt: Die Frau liebt den Mann auch, denn die Sonne verkörpert insbesondere die sexuelle Anziehungskraft des Mannes. Die gegenseitige Rezeption zwischen Jupiter und Merkur zeigt des Weiteren die gegenseitige Anziehungskraft (Jupiter im Domizil von Merkur und Merkur in der Triplizität von Jupiter). Gute As-

pekte zeigen, dass diese Partnerschaft weiter ausgebaut werden sollte. Merkur wird ein Sextil zu Jupiter bilden, und der Mond, der schon ein Sextil zu Merkur gebildet hat, wird das Licht von Merkur bald auf Jupiter übertragen. Mond und Jupiter sind in Konjunktion mit dem Königsstern Aldebaran (Alpha Tauri), der für Neuanfang steht! Und noch ein wichtiger und günstiger Fixstern spielt eine Rolle. Direkt auf der Konjunktion Mars-Saturn steht *Spica* (Alpha Virginis), der zweifellos bewirkt, dass die beiden klassischen Übeltäter sich nicht so schlecht benehmen.

Meine Antwort: Ich habe meinem Klienten Mut gemacht, diese neue Partnerschaft freudig zu genießen und auszubauen. Das hat er getan. Er lebt jetzt mit seiner neuen Partnerin und ihren Kindern harmonisch unter einem Dach! Übrigens: Als der Mann seine Frage stellte, trat Transit-Saturn in seinem Radixhoroskop ins vierte Haus und sagte ihm, sein Familienleben endlich mal zu strukturieren!

21. Eine spannende Zugabe: »Ist das Gemälde echt oder eine Fälschung?«

Abbildung 27:
Das Gemälde, das Picabia gemalt haben könnte

Abbildung 28: »Echt oder Fälschung?«? Placidus-Häuser, 18.1.2013, 16.11 MEZ, Eindhoven, NL

Ein Mann hat für relativ wenig Geld ein Gemälde gekauft und entdeckt, dass es laut Signatur der berühmte französische Maler Francis Picabia (1879–1953) gemalt haben könnte. In diesem Fall hätte es einen sehr hohen Verkaufswert. Eine Expertise des Gemäldes würde meinem Klienten aber zumindest € 2500.- kosten. Ein Stundenhoroskop ist dagegen auf jeden Fall billiger!

Bitte versuchen Sie zuerst, die Frage so gut möglich für sich zu beantworten, bevor Sie die nachfolgende Deutung unten lesen! Tipp: Während Immobilien unter das vierte Haus fallen, fällt beweglicher Besitz unter das 2. Haus. Wie ist dieses Stundenhoroskop zu deuten?

- Der Mond ist als Herrscher 1 (H1) der Fragende.
- Die Sonne ist als H2 das Gemälde (Besitz des Fragenden).

- Der Mond steht an der Spitze von 11 (Hoffnung!) in Widder, dem Zeichen, in dem die Sonne erhöht ist. Erhöhung weist oft auf eine unrealistische Überschätzung hin, denn ein Planet idealisiert oft den Planeten, in dessen Erhöhung er steht. Auch das Quadrat, das der Mond zur Sonne bilden wird, deutet auf Enttäuschung.
- Die Sonne hat am Ende von Steinbock nur eine geringe Würde: Sie steht in einem ihrer Dekanate. Wenn das Gemälde echt wäre, würde man wenigstens die Sonne in ihrem Domizil Löwe oder im neunten Haus, dem Haus ihrer »Freude«, erwarten. Am besten beides! Die enge Konjunktion mit Merkur, H12, könnte auf einen Fälscher hindeuten (Haus 12: geheime Feinde), aber noch wichtiger ist: Merkur ist der Hauptsignifikator für Betrug! Die Sonne wird bald in ihr Exil Wassermann eintreten, was erneut auf Enttäuschung hinweist.

Fazit: Dieses Gemälde ist eine Fälschung! Mein Klient hatte das schon erwartet. Aber das Gemälde gefällt ihm; er wird es behalten.

Ich besprach dieses Horoskop auch mit einer Gruppe niederländischer Astrologen. Ein Künstler und Kunstkenner unter ihnen sagte: *»Das Gemälde ist keinem anderen Werk von Picabia ähnlich, aus keiner einzigen Periode. Picabia ist nie schlampig, auch nicht in seiner fauvistischen Periode. Dieses Gemälde dagegen ist uninteressant in seiner Pinselführung, obwohl die Dame, das gebe ich zu, schon présence hat. Auch die Signatur scheint auf dem ersten Blick echt.«*

Schön, wie hier unsere astrologische Einschätzung vonseiten der Kunst bestätigt wird. Die viele Astrologen, die sich schon mit diesem Horoskop beschäftigt haben, waren sich alle einig: Es ist sehr spannend!

Beschränken Sie sich auf die Beantwortung der Frage. Dieses Horoskop stellte ich einmal für Teilnehmer in einem meiner Astrologiekurse als Hausaufgabe. Auch dieses Mal wurden einige dazu verleitet, nach einem psychologischen Ansatz zu suchen. H1, der Mond in Widder, muss in einem Stundenhoroskop nicht bedeuten, dass der Fragende ein ungeduldiger Mensch ist, der seine Gefühle spontan äußert. Bitte unterscheiden Sie streng zwischen Radix- und Stundenastrologie! Der Klient erwartet keine psychologische Analyse, wenn er darum nicht gebeten hat. So wollte mein Klient auch nicht wissen, wie viel das Gemälde wert ist, höchstens indirekt. Ist das Gemälde ein echter Picabia, wird er es sofort für viel Geld verkaufen können. Ist es falsch, hängt er es auf und betrachtet es zufrieden auf seiner Couch.

Elektionsastrologie

22. Elektionen

Elektionen im Computerzeitalter

Die Technik der Elektionen (Latein *electio* = Auserwählung) oder der astrologischen Terminwahl für beispielsweise eine medizinische Operation, die Gründung einer Firma, den Antritt einer wichtigen Reise usw. war früher eine sehr zeitaufwendige Technik, die dank des Computers, der heutzutage alle unsere Horoskopberechnungen schnell und zuverlässig übernimmt, sehr viel attraktiver geworden ist und, falls richtig angewandt, zu überzeugenden Ergebnissen führt. Aber trotz Computertechnik bleibt eine gute, wohlüberlegte Terminwahl eine ziemlich zeitraubende Angelegen-

Planet	**beherrscht Geburt/Gründung/Anfang von:**
Sonne	offizielle Zeremonien: Krönungen, Inaugurationen, Goldverarbeitung usw.
Mond	Kneipen, Kinderläden (Spielzeug, Baby-Artikel usw.), Kindergärten usw.
Merkur	Gespräche, Ermittlungen, Kommunikationsgeschäfte, Verlage, Handel usw.
Venus	Heirat, Partnerschaften, Modegeschäfte, Restaurants, Feinkostläden usw.
Mars	Operationen, Kriege, Sportclubs, Werkzeuge, Waffen usw.
Jupiter	ferne Reisen, Institute für höhere, Horizont erweiternde Ausbildungen usw.
Saturn	alle Unternehmungen, die eine feste Struktur brauchen, Altersheime usw.

Abbildung 29: Planetenzuordnungen

heit, weil der Astrologe sich nicht darauf beschränken kann, 'nur' einen geeigneten Zeitpunkt für die Gründung eines Unternehmens zu bestimmen. Nein, er muss auch genau darauf achten, dass die Elektion mit dem Radixhoroskop des Gründers bzw. der Gründerin einigermaßen harmoniert.

Elektionen Schritt für Schritt

Warnung 1: Erstelle keine Elektionen für Unternehmungen, die dem gesunden Menschenverstand unrealistisch oder verrückt vorkommen oder die einen unethischen Charakter haben.

Warnung 2: Die hundertprozentig ideale Konstellation gibt es nicht. Das Streben sollte darauf gerichtet sein, einen oder zwei für die Unternehmung wichtige Planeten oder Achsen und den Mond einigermaßen gut zu platzieren und die schlimmsten Konstellationen zu vermeiden. Ein Elektionshoroskop ist immer ein Kompromiss!

Schritt 1: Bestimme den/die für die Unternehmung wichtigsten Planeten und suche in den Ephemeriden eine Periode, in der diese Planeten gut (in einer ihren Würden) stehen und möglichst, *innerhalb der Zeichen, in denen sie sich befinden,* gute, vornehmlich *applikative* Aspekte bilden. Vermeide die Rückläufigkeit dieser Planeten!

Schritt 2: Suche in dem gefundenen Zeitraum einen Tag, an dem der Mond gut steht und möglichst, innerhalb des Zeichens, in dem er sich befindet, noch (möglichst gute) Aspekte bildet. Vermeide einen Mond im Leerlauf und die Perioden des Neu- und Vollmondes.

Schritt 3: Suche an dem gefundenen Tag einen Augenblick, an dem die für das Unternehmen wichtigen Planeten dominieren: An einer Achse in Eckhäusern oder in einem Haus, das für das Unternehmen charakteristisch ist. Sehr wichtig ist eine starke Position des *antiken* Aszendenten-Herrschers (H1). Achtung: Für Merkur, Venus, Mars, Jupiter und Saturn gibt es täglich *zwei*

Möglichkeiten: Merkur beim Aszendenten in Zwillinge oder Jungfrau, Venus beim Aszendenten in Stier oder Waage usw. H1 soll auf keinem Fall *rückläufig* sein.

Schön ist es, wenn wichtige Planeten oder Achsen eine Konjunktion mit einem günstigen *Fixstern* bilden (Orb: maximal 2°). Vermeide ungünstige Fixsterne an diesen Stellen.

Kontrolle: Kontrolliere das gefundene Horoskop gründlich. Hast du nichts übersehen? Leider lassen sich ungünstige Konstellationen nicht immer vermeiden, aber diese sollten im Horoskop eine eher unauffällige Position einnehmen.

Beispiel: Eröffnung eines Esoterikladens

Eine Klientin möchte in Dresden einen Esoterikladen eröffnen und bittet mich um einen günstigen Eröffnungstermin. Sie gibt mir zwei Zeitfenster: Zwischen dem 1. und dem 12. September 2015, und zwar tagsüber zwischen 14 und 19 Uhr, damit Sie zur Eröffnung Gäste einladen kann. (Um 3 Uhr nachts wäre das wohl schwierig.) Ich untersuche zuerst das Geburtshoroskop der Gründerin und stelle fest, dass sie einen sehr guten und starken Mond hat, denn der steht im Domizil Krebs im ersten Haus und ist gut aspektiert. Ich beschließe, diesen Mond im Eröffnungshoroskop zu berücksichtigen und wähle nach einiger Rechnerei Montag, den 7. September 2015 um 15.29 Uhr.

- Zweifellos hätte ich noch ein besseres Horoskop finden können, wenn die beiden Zeitfenster mir mehr Spielraum gegönnt hätten, aber auch diese Elektion darf sich sehen lassen. Der Mond, der in der Elektion die Kunden des Ladens vertritt (!), steht im Krebs gut im starken Eckhaus 7 und ... *in enger Konjunktion mit dem Geburtsmond der Gründerin!*
- Sehr stark und verheißungsvoll ist auch die enge Konjunktion des MC (Öffentlichkeit und Ruf des Ladens) mit dem Königsstern *Spica* (Alpha Virginis), dem günstigsten Fixstern am

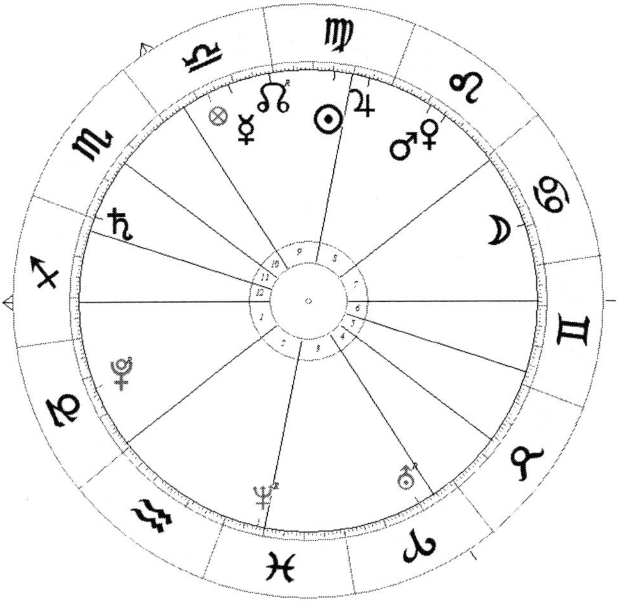

Abbildung 30: Eröffnung Esoterikladen, Alcabitius-Häuser, 7.9.2015, 15.29 MEZS, Dresden

ganzen Himmel, der großen Erfolg verspricht! Für diese Konjunktion ist die genaue Gründungszeit (15.29 MESZ) essenziell. Weil das MC schnell läuft, ist einige Minuten früher oder später die Konjunktion entweder noch nicht da oder schon wieder verschwunden! Leider steht der Aszendenten-Herrscher Jupiter (Generalsignifikator für Esoterik) ein ganzes Jahr in seinem Exil, aber wenigstens steht er schön an der Spitze des neunten Hauses (Esoterik) und im Sextil zum Mond!

- Übrigens standen für das Zeitfenster 14 bis 19 Uhr nur die Zeichen Schütze (Herrscher Jupiter), Steinbock und Wassermann (antiker Herrscher Saturn) als Azendentzeichen zur Verfügung. Meine Wahl fiel auf Schütze und Jupiter, denn Saturn ist auf 29° Skorpion sowieso sehr geschwächt. Zudem lieferte ein Schütze-Aszendent die genauere Konjunktion des Mondes mit dem Geburtsmond der Gründerin (10° Krebs).

- Wer Horoskope erstellt, soll (nach einer Phase des Experimentierens) so gut wie möglich bei einem Häusersystem bleiben. Für Geburtshoroskope habe ich die Ganzzeichen- (oder Tierkreishäuser) gewählt, für Stundenhoroskope Placidus-Häuser. Nur für Elektionen erlaube ich mir die Wahl. Für dieses Horoskop fand ich das klassische Alcabitius-System geeigneter als Placidus, weil bei Alcabitius Sonne und Jupiter an der Spitze des neunten Hauses platziert sind statt im achten Haus wie Placidus.

Für die Gründung wurden im Laden etwa 50 Gäste geladen. Nach einer Begrüßung durch die Gründerin wurde um exakt 15.29 Uhr den Toast ausgebracht und der Laden war geöffnet! Ich war dazu eingeladen und erklärte in einer kleinen Ansprache den neugierigen Gästen, wie ich zu diesem (für Laien verrückten!) Zeitpunkt gekommen war.

Selbstverständlich ist so ein gewähltes Gründungshoroskop keine automatische Garantie für Erfolg, aber es kann den Erfolg effektiv unterstützen. Bis jetzt läuft der Laden sehr gut!

23. Elektionen in der Praxis

Ein Hochzeitshoroskop: Das Ja-Wort

Ein Klient ruft mich an. Seine Partnerin und er leben schon seit vielen Jahren harmonisch zusammen und jetzt haben die beiden den Wunsch, im engen Familienkreis offiziell zu heiraten. Sie haben schon eine Vorstellung davon, wo und wann sie einander das Ja-Wort geben wollen: Auf ihrer Lieblingsinsel, der kleinen und zauberhaft schönen dänischen Ostseeinsel Bornholm, und zwar am Samstag, dem 22. August 2015. Mein Klient, der sich mit Astrologie befasst, sagt mir: »Wahrscheinlich werden Sie Probleme mit diesem Datum haben, Herr van Slooten, weil Venus dann rückläufig ist. Aber gerade dieses Datum würde uns sehr gut passen.« Das Ja-Wort bei rückläufiger Venus?

Tatsächlich sollte man besser keine Heiratselektion mit einer rückläufigen Venus erstellen, weil der Liebesplanet dann Schwierigkeiten bereiten könnte. Aber ich verspreche meinem Klienten, das Datum näher zu untersuchen. Wir vereinbaren, dass die Elektion für den Augenblick des Ja-Wortes der beiden berechnet werden soll, weil dieser Augenblick von allen Anwesenden immer als der spannende Höhepunkt betrachtet wird. (Dass einer der beiden »nein« sagt, ist zwar höchst unwahrscheinlich, aber trotzdem nie auszuschließen!)

Die Elektion brachte folgendes Ergebnis: Ich stellte fest, dass auf Bornholm am 22. August 2015 der Aszendent zwischen 9 Uhr und 12 Uhr MESZ durch das Partnerschaftszeichen Waage läuft. Damit habe ich schon einen geeigneten Zeitrahmen für das eventuelle Ja-Wort gefunden.

Venus beherrscht den Waage-Aszendenten und Mars den Widder-Deszendenten. Herrscher 1 (Venus) und Herrscher 7 (Mars), Braut und Bräutigam, werden eine Konjunktion bilden, was sehr

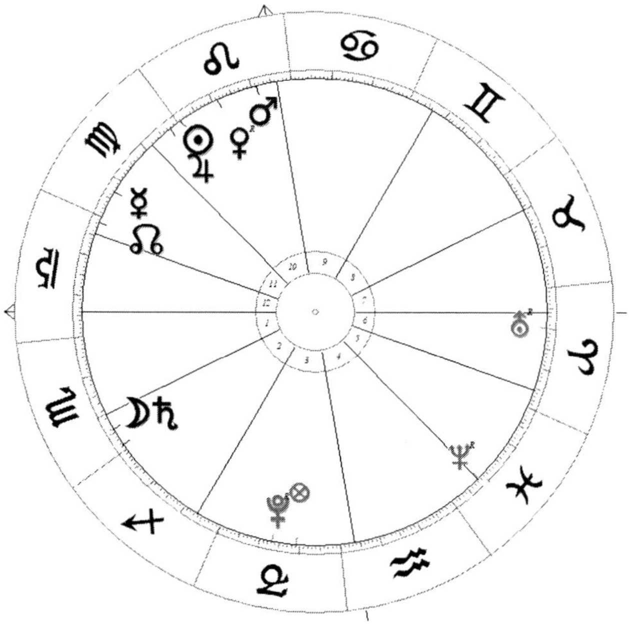

Abbildung 31: Elektion Ja-Wort Bornholm, Placidus-Häuser, 22.8.2015, 11.23 MESZ, Hasle (Bornholm), DK

günstig ist! Auch sehr schön: Die Konjunktion kommt zustande dank Venus Rückläufigkeit! Innerhalb dieses Zeitrahmens des Waage-Aszendenten wähle ich als Augenblick für das Ja-Wort: 11.23 Uhr.

Spica und Regulus

Ich arbeite sehr gerne auch mit Fixsternen. In der Elektion steht der Königsstern *Spica* (Alpha Virginis), der günstigste Fixstern an unserem Himmel, der viel Glück verspricht, um 11.23 Uhr direkt am AC. Eine offizielle Hochzeit fällt als Zeremonie unter das zehnte Haus und in diesem Haus steht auch die schon erwähnte Venus/Mars-Konjunktion. Zudem befindet sich der MC-Herrscher Sonne ebenfalls im zehnten Haus, und zwar in einer applikativen Konjunktion mit dem sehr günstigen Königsstern *Regulus* (Alpha Leonis) auf 0° Jungfrau. Auch der große klassische Wohltäter Jupiter, Herrscher des Liebeshauses 5, steht auf *Regulus*. Merkur, der Herrscher des neunten Hauses, das ebenfalls Zeremonien beherrscht, steht in Jungfrau in seinem Domizil, im elften Haus, das eine günstige Zukunft verspricht.

Gibt es auch eher negative Faktoren in dieser Elektion? Leider ja, denn der Mond steht in Skorpion im Fall und in Konjunktion mit Saturn. Wenn ich die Freiheit gehabt hätte, ein anderes Datum zu wählen, hätte ich diese Konstellation mit Sicherheit vermieden. Aber insgesamt fand ich diese Elektion so positiv, dass ich sie mit meinem Klienten besprochen und schließlich auch empfohlen habe. Geholfen hat mir dabei auch die Tatsache, dass die beiden schon seit vielen Jahren in einer harmonischen Partnerschaft leben. Aus diesem Grund habe ich auch darauf verzichtet, die beiden Geburtshoroskope der Heiratslustigen in meine Arbeit einzubeziehen, obwohl das normalerweise empfehlenswert ist. Aber viel konnte meines Erachtens in diesem Fall nicht schiefgehen!

Wie ich schon im letzten Kapitel dargelegt habe, findet man niemals eine Elektion, die hundertprozentig günstig sind. Immer wird am Ende etwas übrig bleiben, das weniger zufriedenstellend ist. Die Frage ist dann: Ist dies noch hinnehmbar oder nicht? Wenn nicht, sollte der Astrologe weitersuchen.

Wie es ausgegangen ist

Tatsächlich gaben sich die beiden am 22. August 2015 um 11.23 MESZ auf Bornholm das Ja-Wort vor einer dänischen Standesbeamtin, die den Wunsch, genau an diesem Augenblick die wichtige Frage zu stellen, respektiert hat. Sie fand diesen Wunsch sehr schön und auch lustig und hat die Regie der Zeremonie so gestaltet, dass die beiden Ja-Wörter genau um 11.23 Uhr kamen! Es war an diesem Wochenende auf Bornholm das herrlichste Sommerwetter, das man sich wünschen konnte, und die Zeremonie fand dann auch nicht in einem Rathaus, sondern unter der Sonne am Ostseestrand statt! Später schrieb mein Klient mir eine lange Mail über diese Geschichte, geschmückt mit vielen Bildern. Wie ich mich darüber gefreut habe!

Die Elektionsastrologie ist im Grunde der Stundenastrologie sehr ähnlich und folgt im Großen und Ganzen den gleichen Regeln. Aus diesem Grund werden klassische Stundenastrologen schnell zu guten Elektionen kommen. Die meisten Klienten, die Elektionen für Firmengründungen, Ladeneröffnungen usw. bestellen, interessieren sich kaum für tief gehende psychologische Lernfelder, sondern wollen einfach einen geeigneten Zeitpunkt für die »Geburt« ihrer Unternehmung. Kurz gesagt: Die Deutungsweise von Geburtshoroskopen sollte auf keinen Fall auf Elektions- und Stundenhoroskope übertragen werden!

Fixsternastrologie

24. Fixsterne

Ein Blick auf den Nachthimmel genügt, um zu sehen: Fixsterne gibt es unendlich viele. Nur ein Bruchteil davon wurde im Laufe der Jahrtausende astrologisch untersucht, indem man die Sterne auf die Ekliptik projizierte und deutete. Astrowiki gibt eine Liste von 260 Faktoren. Ich arbeite mit etwa 15 bis 20 Fixsternen, die sich in meiner Praxis immer wieder bemerkbar machen.[12] Die astrologischen Bedeutungen der Fixsterne werden oft mit denen der Planeten in Verbindung gebracht: Manche Fixsterne haben einen Saturncharakter, andere einen Venus-Charakter, wieder andere eine Jupiter/Mars-Natur usw. Die Bedeutung der Sterne kann variieren; oft ist ein Stern günstiger, wenn er kulminiert. In alten Zeiten wurden manchem Fixstern nicht selten schreckliche Wirkungen zugeschrieben. Die klassischen Astrologen unserer Zeit gehen damit allerdings nuancierter um.

Fixsterne können sehr wichtig sein in Mundanhoroskopen, aber spielen nicht selten auch eine Rolle in Geburts-, Stunden- und Elektionshoroskopen. Sie werden insbesondere wichtig, wenn sie eine doppelte Konjunktion sowohl mit einem Planeten als auch einer Horoskopachse bilden. Fixsterne können die Horoskopdeutung (meistens) nicht wesentlich ändern; vielmehr verstärken oder schwächen sie Tendenzen, die im Horoskop schon angelegt sind.

Fixsterne werden in der modernen Astrologie meistens vernachlässigt oder sogar abgelehnt, obwohl ihre Aussagekraft groß sein kann. In der klassischen Astrologie finden sie dagegen seit Jahrtausenden große Beachtung, insbesondere ihre *Konjunktionen* mit Horoskopachsen und wichtigen Planeten. Der Orbis beträgt maximal 2°; andere Aspekte werden (meistens) nicht berücksichtigt. Vor allem geht es um Sterne mit einer großen Helligkeit, die sich an der Ekliptik oder in deren Nähe befinden.

Die Helligkeit der Fixsterne wird in *Magnituden* gemessen: Je mehr die Helligkeit zunimmt, umso niedriger wird die Magnitudenzahl. Die Magnitude der Sterne, die man gerade noch mit bloßem Auge beobachten kann, ist etwa +6. In den Sternbildern, die sich bekanntlich aus mehreren Fixsternen zusammensetzen, bekommt der hellste Stern den Namen des ersten Buchstabens des griechischen Alphabets (Alpha), der zweithellste den zweiten Buchstaben (Bèta) usw. Der Königstern Regulus trägt also die Bezeichnung Alpha Leonis, weil er der hellste Stern im Sternbild Löwe ist.

Die Fixsterne sind übrigens nicht so fix, wie ihr Name vermuten lässt. Sie bewegen sich mit etwa 50 Bogensekunden pro Jahr, also etwa 1° in 72 Jahre vorwärts. Aus diesem Grund steht zum Beispiel *Aldebaran*, der Hauptstern im *Sternbild* Stier (Alpha Tauri, das linke Auge des Stiers), heute auf 10° im *Tierkreiszeichen* Zwillinge!

So begünstigt in der Stunden- und Elektionsastrologie der oben erwähnte Königsstern *Aldebaran* den Anfang von Unternehmungen. Wenn ich beispielsweise für einen Klienten ein Elektionshoroskop für die Gründung einer Firma erstelle, versuche ich *Aldebaran* in einer prominenten Position zu platzieren, beispielsweise am Aszendenten oder am MC.

Wer in seine Deutungen die Fixsterne nicht einbezieht, lässt altes Gold liegen. Das gilt sowohl für Geburts- als auch für Mundan-, Stunden und Elektionshoroskope. Die Welt der Fixsterne ist faszinierend, insbesondere, wenn man sie in Zusammenhang mit der Mythologie studiert und wenn man die Sterne in klaren Nächten am Himmel beobachten kann.

Parane

Neben der klassischen und bewährten Methode der Projektion der Fixsterne auf die Ekliptik wurde in der letzten Zeit die Verwendung der Parane wieder stärker in Betracht gezogen. Ein Paran (abgeleitet von *paranatellonta astra*, was »nebeneinander aufgehende Sterne« bedeutet) ist eine Beziehung zwischen zwei Himmelskörpern, die dadurch zustande kommt, dass die beiden Gestirne sich zur gleichen Zeit entweder am Horizont oder am Meridian befinden. Parane sind mit Aspekten vergleichbar. Steht die Sonne am Aszendenten und Jupiter gleichzeitig am Medium Coeli, so befinden sie sich miteinander im Paran und wirken kombiniert auf den Horoskopeigner ein. Das Gleiche gilt für die Kombination eines Planeten mit einem Fixstern oder für zwei Fixsterne. Die Methode ist schon seit dem Altertum bekannt und zeigt, dass die antike Astrologie vorwiegend tropisch ausgerichtet war, da auch die Fixsterne im Verhältnis zur Ekliptik betrachtet wurden. Vor allem durch die Arbeit von Bernadette Brady, die bis jetzt 64 Fixsterne in Kombination mit allen Planeten untersucht hat[13], gelangten die Parane wieder stärker ins Bewusstsein. Sie sollten allerdings nicht überbewertet, sondern als eine Ergänzung zur bewährten klassischen Technik betrachtet werden. Meine zahlreichen Experimente mit dieser Methode lieferten meines Erachtens keine wirklich überzeugenden Ergebnisse. Mir fehlt in dieser Technik die Klarheit der klassischen Methode, die ich jetzt noch in den folgenden Beispielen vorstelle.

Spica und Algol

Allgemein wird *Spica* als der günstigste Fixstern an unserem Himmel betrachtet. Er ist der Hauptstern im Sternbild *Jungfrau* (Alpha Virginis, Magnitude 1) und steht derzeit auf etwa 24° Waage. Er bewirkt Erfolg und Reichtum und verspricht eine steile politische Karriere. Interessant ist beispielsweise, dass *Spica* in einer engen Konjunktion mit dem MC der deutschen Bundeskanzlerin Angela Merkel steht (17.7.1954, 18.00 MEZ, Hamburg. MC 22° Waage). Während die modernen Astrologen sich meistens schwertun, Merkels politischen Erfolg zu erklären, denn Neptun am MC und/oder Saturn im zehnten Haus sind dafür meines Erachtens keine überzeugende Indizien, ist die klassische Erklärung recht einfach: *Spica* am MC!

Algol, (Bèta Persei, Magnitude 2) auf 26° Stier ist der vielleicht böseste Stern am Himmel. Er wird mit Gewalt, Zorn, Wut, Rache, Körperverletzung und Tod in Verbindung gebracht. Prinzessin Diana von England (1.7.1961, 18.45 GMT; Sandringham, MC 23° Waage) hatte ebenfalls *Spica* am MC, was ihre überwältigende Popularität erklärt. Venus ist weitaus der stärkste Planet in ihrem Horoskop, denn diese steht in ihrem Domizil Stier, im sechsten Haus, sie ist MC-Herrscher und verbindet sich mit fast allen anderen Planeten. Aber ... sie steht auf *Algol*! Schrecklich waren ihre Wut und ihre Rache, nachdem das Verhältnis ihres Ehemannes Charles mit Camilla sie in ihrer Weiblichkeit (Venus!) verletzt hatte. Sie ging mit ihrer Geschichte schonungslos an die Öffentlichkeit und erschütterte das englische Königshaus in seinen Grundfesten. Auch ihr gewalttätiger Tod lässt sich u.a. aus dieser Venus/Algol-Konjunktion erklären.

25. Fixsterne in der Praxis

Die Wahlen, die am 27. März 2011 im Bundesland Baden-Württemberg stattfanden, brachten einen politischen Erdrutsch: Ministerpräsident Mappus und die CDU wurden vernichtend abgewählt. Zum ersten Mal in der Geschichte der BRD wird ein grüner Politiker ein Bundesland führen. Das Horoskop für die Eröffnung der Wahllokale (Abb. 32) spiegelt dieses Ergebnis eindeutig wieder: Die bestehende Regierung sieht man am Herrscher

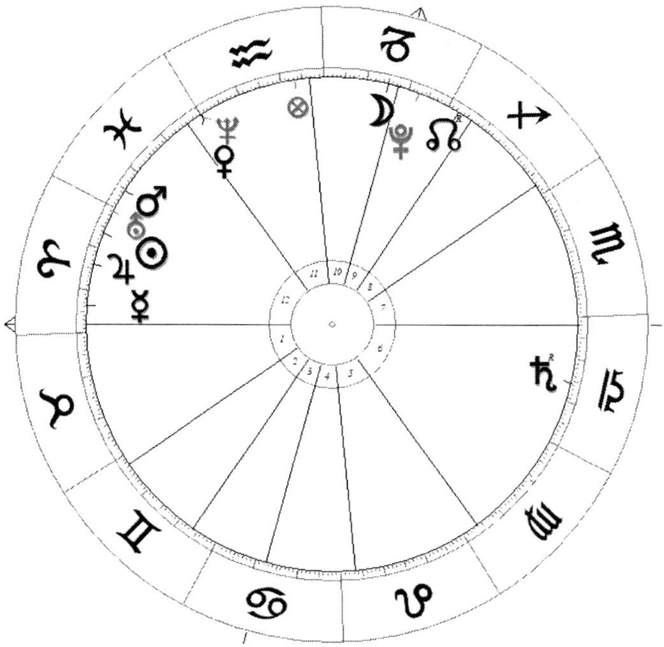

Abbildung 32: Landtagswahl Baden-Württemberg 2011, Placidus-Häuser, 27.3.2011, 8.00 MEZ, Stuttgart

des zehnten Hauses: Saturn auf 14° Waage, rückläufig im fallenden sechsten Haus in Konjunktion zum bösen Fixstern *Algorab* (Delta Corvi). Die Opposition wird vom Herrscher des vierten Hauses vertreten: Der Mond auf 15° Steinbock im zehnten Haus der Macht, direkt am MC, in Konjunktion mit dem günstigen Fixstern *Wega* (Alpha Lyrae) und im haargenauen Quadrat zu Saturn. Dass der eklatante Wahlsieg der Grünen auch durch die Atomkatastrophe in Japan stark beeinflusst wurde, zeigt Plutos dominierende Position am MC!

In allen astrologischen Zeitschriften wurde der katastrophale Flug der German Wings Maschine astrologisch betrachtet, aber in keiner mir bekannten Deutung wurden die Fixsterne berücksichtigt. Dabei erklären diese die Katastrophe eindeutiger als alle ande-

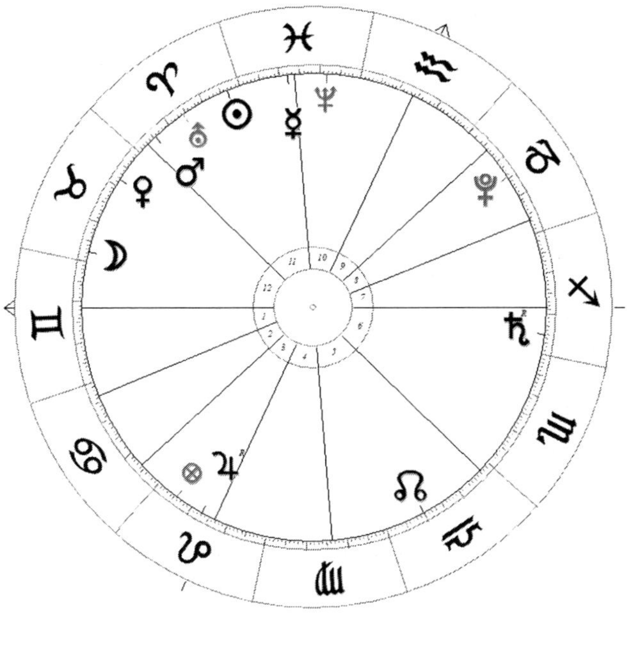

Abbildung 33: Start German Wings Flug 9525, Placidus-Häuser, 24.3.2015, 10.01 MEZ, Barcelona, E

ren Deutungselemente. Schauen wir uns das Horoskop des Fluges 9525 an (Abb. 33): Der Mond, der in solchen Horoskopen für die Passagiere steht, ist in Konjunktion mit *Algol* (Béta Persei, auf 26° Stier), dem bösesten Fixstern am ganzen Himmel! Wichtigste Bedeutung: gewalttätiger Tod! Der Deszendent (Haus 7, ebenfalls die Passagiere) steht auf *Antares* (Alpha Scorpii auf 10° Schütze). Bedeutung: »Das Ende aller Dinge!« Der klassische Herrscher des MC, das Ziel des Fluges, ist der rückläufige (!) Saturn, der auf *Graffias* (Bèta Scorpii, 3° Schütze) steht. Bedeutung: Erbarmungslosigkeit, Kriminalität! Der andere klassische Übeltäter, Mars (Unfälle), steht an der Spitze des zwölften Hauses (Verlust) auf *Baten Kaitos* (Zèta Ceti, auf 22° Widder), der seit Jahrtausenden auf Schiffbruch hinweist! (Damals gab es noch keine Flugzeuge.)

Abbildung 34: Ausbruch des Zweiten Weltkrieges, Placidus-Häuser, 1.9.1939, 4.45 MEZ, Gdansk, PL

Auch bei dem Ausbruch des Zweiten Weltkrieges (Abb. 34) sprechen die Fixsterne für sich. Erwartungsgemäß finden wir in diesem Horoskop eine Reihe von bösen Fixsternen. Am MC dieses Horoskops steht (schon wieder!) der böse, gewalttätige *Algol,* der schon hier oben zur Sprache kam.

Der AC-Herrscher Merkur ist auf 20° Löwe in Konjunktion mit dem destruktiven *Algenubi* (Epsilon Leonis).

Der Mond, der in Mundanhoroskopen oft das (leidende) Volk vertritt, steht auf 2° Widder zusammen mit *Difda* (im Sternbild Walfisch, auch *Deneb Kaitos* genannt), der ebenfalls einen gewalttätigen und destruktiven Ruf hat und tragische Schicksale bewirkt.

Der kämpferische Mars auf 24° Steinbock konjungiert mit *Terebellum* (im Sternbild Schütze), einem Schicksalsstern, der nach anfänglichem Erfolg große Enttäuschungen bereitet.

Von Angela Merkels Horoskop (Abb. 35) habe ich schon viele Deutungen gelesen. Allen ist gemeinsam, dass sie die Fixsterne nicht berücksichtigen. Hier eine Liste der wichtigsten Sterne in ihrem Horoskop:

Der Aszendentherrscher Jupiter steht konjunkt zu *Sirius* (Alpha Canis Maioris, 13° Krebs): Ruhm, Treue, Reisen, Gefahr vor Hundebissen (!). Der hellste Stern an unserem Himmel. (Merkel hat Angst vor Hunde, weil sie mal gebissen wurde!)

Die Sonne bildet eine Konjunktion mit *Pollux* (Bèta Geminorum, 23° Krebs). Das bedeutet mächtigen Einfluss, der auch zum Ehrverlust führen kann.

Der Deszendent steht direkt auf *Rigel* (Bèta Orionis, 16° Zwillinge), der Ruhm und Ehre anzeigt.

Das MC steht auf *Spica* (Alpha Virginis, 23° Waage). Dieser Stern wird klassich mit: Erfolg, Ruhm, Ehre, steile Karriere in Verbindung gebracht! IC Konjunkt *Baten Kaitos* (Zèta Ceti, 21° Widder): gezwungene Änderung, »Emigration zum falschen Ort«, Gefangenschaft. Als Angela Merkel zehn Jahre alt war, emigrierte ihre Familie von Hamburg nach Ost-Deutschland!

Aszendent in Konjunktion zu *Ras Algheti* (Alpha Herculis, 16° Schütze) bedeutet Weisheit, Cleverness, aber auch: Intrigen.

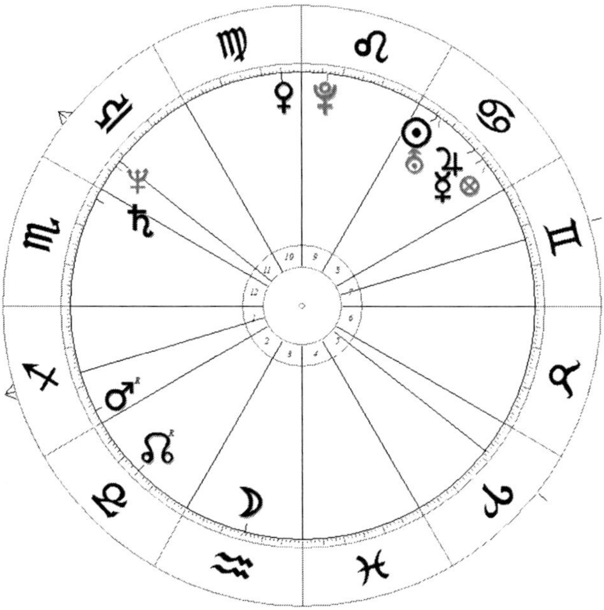

Abbildung 35: Angela Merkel, Ganzzeichenhäuser, 17.7.1954, 18.00 MEZ, Hamburg, D

Als Fazit kann man festhalten: Klassische Astrologen arbeiten schon seit Jahrtausenden mit Fixsternen. Mit Recht, denn ohne Einbeziehung der Fixsterne verpasst man essenzielle Deutungselemente.

26. Fixsterne und Fußball

EM 2016: Das Halbfinale Deutschland – Frankreich

Eine Schülerin von mir, die ein begeisterter Fan von Joachim Löw und seiner sympathischen Nationalmannschaft ist, erstellt das Horoskop für den Anpfiff des Halbfinales Deutschland – Frankreich und bittet mich um Hilfe bei der Deutung (Abb. 36).

Das Horoskop verrät uns schon schnell, dass Frankreich gewinnen wird. Meine Schülerin steht aufseiten Deutschlands und deshalb ist *ihre* Mannschaft der Herrscher des ersten Hauses (H1), Saturn. Dieser steht zweimal schlecht, denn er ist rückläufig und in enger Konjunktion mit dem bösen Fixstern *Antares* (Alpha Scorpii) auf 10° Schütze. Seit Jahrtausenden ist Antares' Schlüsselbedeutung: »Das Ende aller Dinge.« Zudem könnte Pluto im ersten Haus ein böses Omen sein.

Der Gegner, Frankreich, ist H7, der Mond. Im Gegensatz zu Saturn ist der Mond stark gestellt. Er steht am Ende des Löwen in einer applikativen Konjunktion zum Königsstern *Regulus* (Alpha Leonis), auf 0° Jungfrau. Normalerweise dürfen in der Klassischen Astrologie für die Aspektbildung keine Zeichengrenzen überquert werden, aber die Ausnahmen sind die Konjunktionen mit wichtigen Fixsternen. *Regulus,* der direkt an der Ekliptik steht, gehört zu den allerwichtigsten Sternen und bringt alles, was man unternimmt, zum Erfolg! Aber nicht nur *Regulus* macht diesen Mond stark, auch die wunderbare gegenseitige Rezeption zwischen dem Mond in Löwe und der starken Sonne am Deszendenten im Krebs trägt zum Erfolg des Mondes bei. Frankreich gewann mit 2:0. Damit war diese EM für Weltmeister Deutschland definitiv vorbei.

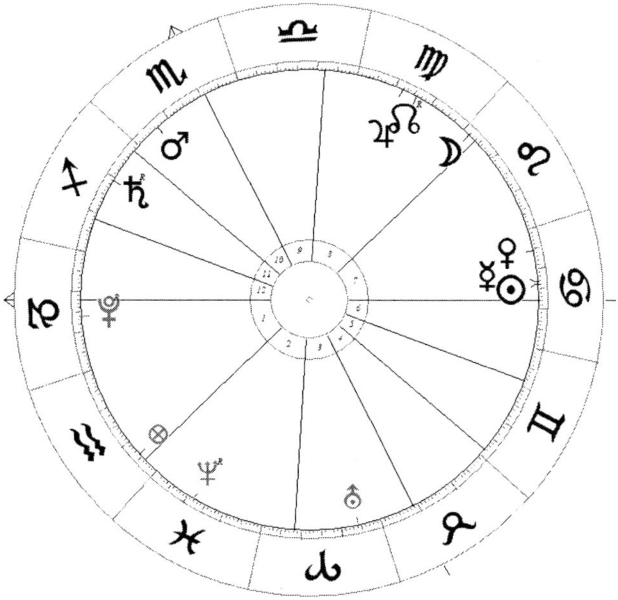

Abbildung 36: Halbfinale Deutschland – Frankreich, Placidus-Häuser, 7.7.2016 um 21 MEZS, Marseille, F

Ein Ereignishoroskop wird zum Fragehoroskop

Einige werden sich jetzt wahrscheinlich fragen, was passiert wäre, wenn ein Frankreich-Fan dieses Horoskop mit der gleichen Methode gedeutet hätte. Die Antwort ist klar und unmissverständlich: Er hätte falsch gedeutet, denn Frankreich (Herrscher des Aszendenten, Saturn), würde jetzt verlieren und Deutschland gewinnen! Das führt uns zur Schlussfolgerung, dass dieses Horoskop zwar ein objektives Ereignishoroskop zu sein scheint, aber zur gleichen Zeit mit einer *persönlichen* Frage verknüpft ist: »Wird *meine* Mannschaft gewinnen, ja oder nein?« Damit wird dieses Ereignishoroskop auch (und an erster Stelle) ein Fragehoroskop!

Abbildung 37: Finale Frankreich – Portugal, Placidus-Häuser, 10.7.2016, 21.00 MESZ, Paris, F

Das Finale Frankreich – Portugal

Inspiriert durch das Horoskop des Halbfinales zwischen Frankreich und Deutschland kam ich auf die Idee, das Horoskop für den Anstoß des Finales zu untersuchen. Auch ich liebe Fußballspiele, insbesondere im Fernsehen, weil man dank der ausgefeilten Kameratechnik nichts verpasst.

Nachdem Deutschland gegen Frankreich verloren hatte, ging meine Sympathie nach Frankreich, erstens weil ich Bewunderung habe für die perfekte Art und Weise, wie Frankreich diese EM organisiert hatte, und zweitens, weil Frankreich im letzten Jahr schon reichlich terroristisches Elend über sich hatte ergehen lassen müssen und einen Sieg sehr verdienen würde.

Die Horoskope beider Spiele (Abb. 35 und Abb. 36) sind sehr ähnlich: »Meine« Mannschaft Frankreich ist H1: der schlechte Saturn, rückläufig, in Konjunktion mit Antares. Portugal ist der Mond in Waage an der Spitze des günstigen neunten Hauses (Ausland). Die Konjunktion mit *Regulus* ist schon längst vorbei. Der Mond konjungiert jetzt mit dem Fixstern *Zaniah* (Èta Virginis), auch ein Stern, der Glück bringt, aber bei Weitem nicht so wichtig ist wie *Regulus.* Viel schöner dagegen ist die starke gegenseitige Rezeption des Mondes mit der klassischen Wohltäterin Venus in Krebs! Die Partie war dramatisch. Portugal gewann schließlich in der Verlängerung mit 1:0 und wurde Europameister.

In seinem interessanten Buch SPORTASTROLOGIE meint John Frawley, dass in solchen Horoskopen vor allem die *akzidenzellen* Würden gelten, wie (in meinen Beispielen) die Rückläufigkeit des Saturns. In diesem Beispiel zeigt sich, dass meines Erachtens auch andere Faktoren, wie die Fixsterne und gegenseitige Rezeptionen, bei Sporthoroskopen eine Rolle spielen können.

27. Anhang

Anmerkungen

1. Aus: *Zurück zu den Sternen- Ein Plädoyer für den siderischen Zodiak.* www.astrologie-zentrum.net, Zugriff 23.10.2017
2. Rafael Gil Brand. *Himmlische Matrix,* Tübingen, 2014, S. 297ff.
3. GZH, Ganzzeichenhäuser oder Tierkreiszeichenhäuser, ausführlich in: Robert Hand. *Traditionelle Astrologie,* Tübingen, 2007.
4. In einer *Sektion* stehen Tagplaneten in einem Taghoroskop, Nachtplaneten in Nachthoroskopen stark gestellt. Anstatt von *Sektion* wird manchmal auch von *Sekten* gesprochen, abgeleitet von dem englischen Begriff *sect.*
5. Für eine ausführlichere Besprechung der Würden (auch der Grenzen und Dekanate) verweise ich an meine Bücher *Klassische Stundenastrologie* und *Traditionelle Horoskopdeutung.*
6. Bernhard Bergbauer. *Der Geburtsherrscher im Horoskop.* Tübingen 2008.
7. Vortrag beim Kongress der AFA 2005 in York. Enthalten in: Robert Hand, *Traditionelle Astrologie.* Tübingen, 2007.
8. Stephen Arroyo, *Handbuch der Horoskopdeutung.* Bad Oldesloe, 1991, Seite 57.
9. Das derzeit beste deutschsprachige Werk zu den Lospunkten ist von Renzo Baldini. *Die arabischen Punkte. Ihre Anwendung in der modernen Astrologie,* Tübingen, 2008.
10. Siehe hierzu Erik van Slooten. *Traditionelle Horoskopdeutung.*
11. u.a. in meinem Buch *Klassische Stundenastrologie – Ein Lehrgang zum Selbststudium,* Tübingen, 2. Auflage 2017.
12. siehe Erik van Slooten, *Klassische Stundenastrologie*, Kap. 10. sowie Oscar Hofman. *Fixsterne.* Tübingen 2016.
13. Bernadette Brady. *Brady's Book of Fixed Stars, York Beach, ME, USA,* 1998.

Empfohlene Literatur

Baldini, Renzo. *Die arabischen Punkte.* Tübingen, 2008

Bergbauer, Bernhard. *Der Geburtsherrscher im Horoskop.* Tübingen 2008.

Gil Brand, Rafael. *Lehrbuch der Klassischen Astrologie.* Tübingen, 2000

Gil Brand, Rafael, *Himmlische Matrix: Die Bedeutung der Würden in der Astrologie.* Tübingen, 2014

Hand, Robert, *Traditionelle Astrologie: Ganzeichenhäuser – Tag- und Nachthoroskope.* Tübingen, 2007

Hermes, Martien. *Die Lebenslinie im Horoskop: Erkennen Sie Ihre wichtigsten Lebensperioden und Ziele mit der klassischen Astrologie.* Tübingen 2013

Hofman, Oscar. *Die Fixsterne im Horoskop.* Tübingen, 2016

Houlding, Deborah, *Die astrologischen Häuser: Tempel der Planeten.* Tübingen, 2012

Ptolemäus, Claudius. *Tetrabiblos.* Tübingen 2012

Schmidt, Emil, *Übungsbuch Stundenastrologie: Suchen und Finden mit dem Horoskop.* Tübingen, 2010.

Slooten, Erik van, *Traditionelle Horoskopdeutung.* Tübingen, 2014.

Slooten, Erik van, *Klassische Horoskopdeutung.* Tübingen 2010

Slooten, Erik van, *Klassische Stundenastrologie* (Chiron, 2017 – 2. Auflage)

Slooten, Erik van, *Der klassische Tierkreis und seine Bewohner.* Tübingen, 2010.

Ward, Sue. *Das Fundament der Astrologie: Wie die alten Herrscher und die neuen Planeten zu ihrer astrologischen Bedeutung kamen.* Tübingen 2011.

Standardwerke der Astrologie

ERIK VAN SLOOTEN

Traditionelle Horoskopdeutung

Ein Lehrgang zum Selbststudium
207 Seiten, Hardcover, zahlr. Abbildungen
ISBN 978-3-89997-223-8

Erik van Slooten zeigt, was für ein ausgeklügeltes System die Astrologen der Antike kannten und mit welchen heute teilweise vergessenen Methoden ein Geburtshoroskop gedeutet werden kann. So kommen neben den klassischen Würden u.a. auch der Almuten, Lospunkte oder Fixsterne zur Sprache. Anschließend führt er eine traditionelle Horoskopanalyse Schritt für Schritt anhand von Beispielen vor. Traditionelle Prognosemethoden wie Firdaria, Aphesis oder Profektionen werden ebenfalls vorgestellt. Das Buch ist als Lehrgang zum Selbststudium aufgebaut. Am Ende eines jeden Kapitels werden zu den behandelten Themen Fragen gestellt. Im Anhang finden Sie die Antworten, so dass Sie Ihren Wissensstand selbst kontrollieren können.

»Wer neugierig und bereit ist, alte Pfade neu zu erkunden, der wird in diesem didaktisch klar strukturierten Lehrgang zum Selbststudium in Buchform den idealen Reiseführer finden, auf dem erhellenden Weg zurück in die Vergangenheit«.

Astrologie Heute 170/2104

CHIRON VERLAG

Standardwerke der Astrologie

ERIK VAN SLOOTEN

Klassische Stunden-astrologie

Ein Lehrgang zum Selbsstudium
200 Seiten, Hardcover, zahlr. Abbildungen
ISBN 3-89997-167-5

Im ersten Teil des Buches wird das Grundgerüst der Stundenastrologie behandelt. Der zweite Teil lehrt die Technik und die Deutung, während sich der Autor im dritten Teil mit besonderen Themen wie der Zeit- und Ortsbestimmung oder medizinischer Stundenastrologie befasst. Das Besondere an diesem Buch ist vor allem, dass es ein richtiger Lehrgang zum Selbststudium ist. Am Ende eines jeden Kapitels werden zu den behandelten Themen Fragen gestellt, die es Ihnen ermöglichen, zu kontrollieren, ob der Lehrstoff gut verarbeitet und verstanden wurde. Die Antworten finden sich im Anhang des Buches.

»Der Autor gibt mit diesem Buch aber nicht nur eine Hilfestellung bei der stundenastrologischen Beantwortung konkreter Fragen, sondern reicht auch nützliche Tipps für die Einrichtung einer eigenen stundenastrologischen Beratungspraxis dazu. Das vorliegende Buch könnte also vielleicht auch eine Art Sprungbrett für ambitionierte Leserinnen und Leser werden«.

Astrologie Heute 133/2008

CHIRON VERLAG

Standardwerke der Astrologie

SUE WARD

Das Fundament der Astrologie

Wie die alten Herrscher und die neuen Planeten zu ihrer Bedeutung kamen
143 Seiten, Paperback, 31 Abbildungen
ISBN 978-3-89997-195-8

Die Grundprinzipien der Astrologie lassen sich nirgends besser erkennen, als in den ersten Kapiteln der Schöpfungsgeschichte. Bei näherer Betrachtung kann man feststellen, dass sich die klassische Zuordnung der Zeichenherrscher und der Temperamente direkt aus der Genesis ableiten lassen. Mit der Entdeckung der äußeren Planeten Uranus, Neptun und Pluto erhob sich die Frage, wie diese zu deuten seien und wie sie in das bestehende System eingefügt werden sollten. Dem geht Sue Ward nach, indem sie die Ursprünge der heute gängigen Symbolik aufzeigt. Sie kommt zu dem Schluss: Astrologie in ihrer ursprünglichen Form ist und bleibt eine universelle Wissenschaft.

»Die ersten 49 Seiten dieses Buches geben eine faszinierende Deutung des Schöpfungsberichts vom Anfang der Genesis in Bezug auf die klassische Astrologie. Das ist so klar, so schön, so folgerichtig, dass man eigentlich nur diesen Text lesen muss, um fortan überzeugter klassischer Astrologe zu sein«.
sternZeit 49/2011

CHIRON VERLAG

Standardwerke der Astrologie

ROBERT HAND

Traditionelle Astrologie

Ganzzeichenhäuser – Tag- und Nachthoroskope
184 Seiten, Hardcover, 10 Abbildungen
ISBN 3-89997-157-6

Für einen Astrologen der Spätantike war die wichtigste Frage bei der Interpretation eines Horoskops: Wurde der Horoskopeigner bei Tag oder bei Nacht geboren? Dieser Frage geht Robert Hand nach und zeigt anhand seines ausführlichen Quellenstudiums, welche Deutungsvielfalt in diesem Ansatz liegt. Im zweiten Teil befasst er sich mit dem ältesten Häusersystem, den Ganzzeichenhäusern. Auch hier zeigt er anhand von sonst nur schwer zugänglichen Quellen, wie sich die astrologischen Häuser entwickelt haben. Beide Methoden werden mit durch Horoskopbeispiele untermauert, so dass Sie unmittelbar den praktischen Nutzen für Ihre eigenen Deutungen erkennen können. Durch die gelungene Synthese aus Klassik und Moderne hat Robert Hand ein wegweisendes Buch für die Astrologie der Zukunft geschrieben.

»So wird dieses kleine Buch eine Fundgrube für Deutungsansätze, die für viele moderne Astrologen so neu wie aufschlussreich sein dürften. Er regt an zum eigenen Forschen und Experimentieren, handelt es sich ja um Konzepte und Techniken, die unmittelbar und ohne weitere Berechnungen aus dem Horoskop erkennbar sind«.

Meridian 1/2008

CHIRON VERLAG

Klassiker der Astrologie

TYCHO BRAHE

Über den neuen Stern

Ein Loblied auf die himmlischen Wissenschaften

105Seiten, Hardcover, 8 Abbildungen

ISBN 978-3-89997-244-3

Tycho Brahe (1546 – 1601) gilt als einer der bedeutendsten Astronomen. Seine herausragende Leistung war die Einführung der genauen Beobachtung von Stern- und Planetenpositionen. So gelang es ihm 1572 als erstem europäischem Gelehrten eine Supernova zu beobachten. Durch seine Schrift „Über den neuen Stern" (1573) wurde er anschließend in ganz Europa bekannt. Ein Jahr später fordert ihn der König auf, einen Astronomiekurs an der Kopenhagener Universität zu halten, den er mit der Antrittsverlesung „Ein Loblied auf die himmlischen Wissenschaften" (1574) eröffnete. Meist wird ihm eine gewisse Distanz zur Astrologie nachgesagt. Tatsächlich hat er jedoch immer wieder in lobenden Worten über die Kunst der Astrologie gesprochen.

Freimütig benennt er Möglichkeiten und Aussagegrenzen der Astrologie. Und spätestens wenn er darüber spricht, dass der freie Wille des Menschen den Gestirnen unterworfen sei, erlebt man Tycho Brahe als einen tiefgründigen Astrologen, der uns auch heute noch viel zu sagen hat.

Meridian 1/2016

CHIRON VERLAG

Klassiker der Astrologie

JULIUS FIRMICUS MATERNUS

Die acht Bücher des Wissens Matheseos Libri VIII

450 Seiten, Hardcover, 6 Abbildungen
ISBN 3-89997-171-2

Firmicus Maternus hat mit seinen im 4. Jh. n. Chr. verfassten Werk das umfangreichste Lehrbuch der Geburtsastrologie hinterlassen. Nach einer Erwiderung an die Gegner der Astrologie gibt er in den folgenden sieben Büchern einen Grundriss der antiken Astrologie. In Buch II behandelt er u.a. klassische Würden, Dekane, Grenzen, Hyleg oder Spiegelpunkte. Die Stellung der sieben Planeten in den einzelnen Häusern und das Thema Mundi kommen in Buch III zur Sprache. Buch IV widmet er gänzlich dem Mond, während in Buch V der Aszendent und die Planeten in den Zeichen behandelt werden. Die Aspekte bespricht er in Buch VI. Horoskope aus verschiedenen Lebensbereichen wie Beziehung, Beruf oder Krankheit stehen im Mittelpunkt von Buch VII. Einen Höhepunkt bildet seine im abschließenden Buch VIII dargelegte Lehre von den Sternbildern und der Deutung der Tierkreisgrade. Damit ist dies eines der wichtigsten Bücher der klassischen Astrologie, das aus dem Altertum erhalten geblieben ist.

Dieses Buch ist eine reichhaltige Fundgrube für Einsteiger und Liebhaber der klassischen Astrologie und liegt nun erstmals als Gesamtwerk in einer komplett aktualisierten deutschen Übersetzung vor.

Astrologie Heute Nr. 123/2006

CHIRON VERLAG